高橋呑脩
DONSHU TAKAHASHI

見えないものが動かす世界

宇宙・神・ウイルスと共振共鳴する
超意識に目覚めよ！

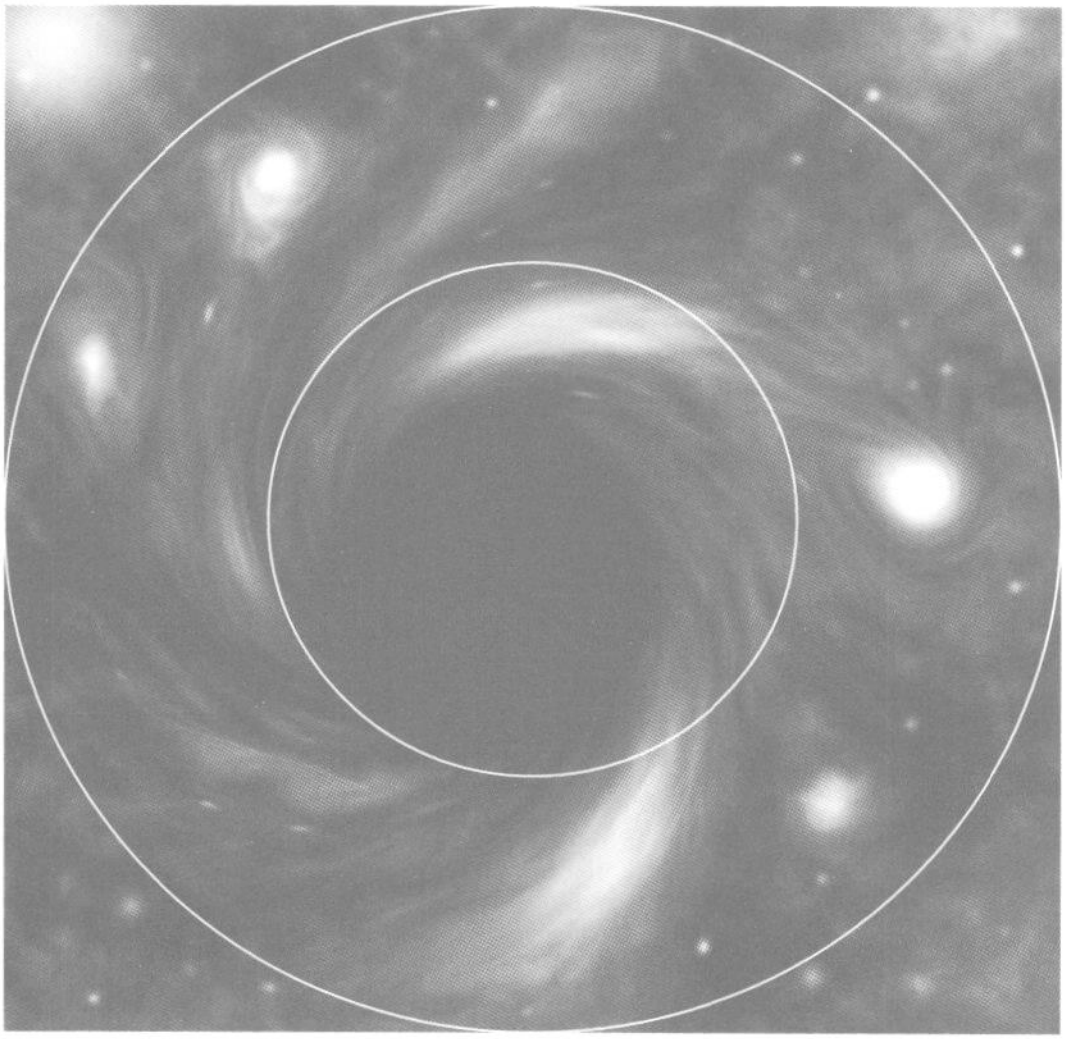

徳間書店

見えないものが動かす世界

宇宙・神・ウイルスと共振共鳴する超意識に目覚めよ！

はじめに

私は約30年前に自衛隊を退職し、現代健康研究所を作りました。その目的は国防のためです。外敵ではなく日本国の内部崩壊を憂いていました。やがてやってくる高齢化社会の医療、農薬を大量に使う農業、そして必ず起こるであろうパンデミック対策に手を打たなければという思いでした。

そこで健康維持をテーマに現代健康研究所を富士の裾野《すその》に開き、そこから宇宙情報を使ったアートテン技術を開発し、さまざまなことを行ってきたことは前著『宇宙のしくみを使えば、すべてがうまくいくようになっている』で述べたとおりです。

アートテン技術はさらに進化し、現在はSI（スペースインテリジェンス）として、より多くの、より進化した問題対処を行っています。

歴史を見ると感染症はこれまでたびたび起きていて、それは次第に強毒を帯びてきています。つまり、近く必ず起こるであろうパンデミック対策が不可欠だったのです。さまざまな病に向かい合いながら実験を20年前から重ねてきました。そうしたなかで、コレラ、ペスト、エボラ熱、エイズ、ＳＡＲＳ、ＭＥＲＳにみられるように、動物から憑依した病原体から強毒なウイルスが発生することもわかりました。それがいつ起きても対処できるよう、その準備をしてきたのです。

２０２０年、新型コロナの感染は中国武漢から始まり、ヨーロッパ、アメリカに移り、ロシア、インド、ブラジル、中南米、アフリカにたちまち広がりました。感染爆発によって医療崩壊を伴って致死率が高まったところもあり、その対応は国によって異なりましたが、今尚続いているのが現状です。

しかも、いったん収まったように見えましたが、夏になってその感染は再び増加していきました。

本書では、なぜ今、コロナウイルスの脅威に脅かされているのか、そのことで私たちは何に気づいていかなければならないのか、ということを共に考えていきたいと思っています。それはまさに見えないものが動かしている世界です。

第1章では、それをまず神話から紐解いてみたいと思います。そして2章では現代健康研究所が行ってきた研究を紹介し、3章では、いずれ起こる食糧難に対して行ってきたアートテン農業をご紹介します。4章では、この春、現代健康研究所を訪れた人たちに向けて書いたコロナの現状を紹介するために書いたコロナ対策日記を、終章では、コロナ後の世界がどう変わるかを書いています。

また、少しディープなお話や裏の話、今回書籍では初公開させていただく三島由紀夫氏との関係などをコラムとしてちりばめさせていただいています。そちらもお楽しみください。

現象はどうあれ、私はコロナ禍というものは、神が起こしたものだと捉えています。それは、我々人間たちが本来の道から外れてしまったことに起因していると思うからです。自分のことだけを考え、しかも欲望のまま生きてきた私たちの生き方を今、見直さざるを得なくなっており、そうでなければ人間はいずれ淘汰《とうた》されることになるでしょう。

今、目に見えるものだけを信じている人が大多数ですが、この世界は本来、99・9%が見えないものからできています。それは私が5年前に著した本（『宇宙のしくみを使えば、すべてがうまくいくようになっている』）の般若心経にも書かれていますし、かつての人々はそのことを知っていました。

7月まで感染者が一人も出なかった岩手県の人々のように、人々は自然と共に生きてきたのです。今一度、『遠野物語』（柳田國男著）を読み、私たちの原点に気づいていただくことで、生き方を修正していただければと思います。

コロナ後の世界についても書きましたが、おそらくそれは私たちの想像を超えたものになるに違いありません。覚悟を持って生きていかなければならない時代なのです。

見えないものが動かす世界——目次

第2章　パンデミックは必ず来るとわかっていた
――アートテンからＳＩへ――　35

第4章　コロナ対策日記　151

第5章　コロナ後の世界はこうなる──217

第1章

存在たちの願い

みんなの願い

神さまの使いが地球にやって来て、みんなに呼びかけました。

「地球は誕生から、宇宙時間の一周期に達したのでこれをお祝いして、神さまがみんなの一つの願いごとを叶えることになりました。1週間後に、神さまに向かって自分の願いごとを一つだけ念じてください。

その中からいちばん多かった願いごとを一つ神さまが叶えることになっています」

みんなはそれぞれ懸命に考え、1週間後のその日、それぞれの願いごとを心に念じました。

神さまの使いは再びやって来て、その結果を発表しました。

「神さまが叶える願いごとは、人間以外のほとんどの生物の願いである

『人間を地球上から消滅させてください』というものに、決定いたしました。

みなさま、次の一周期を目指して地球を大切にしてください。

それではごきげんよう」


人間たちが最後に聞いたのは、動物たちの歓喜にも似た喜びの声でした。


これは、星新一著『ショートショート』を引き継いで、星新一さんが全国から寄せられた膨大な作品の中から選んで編んだ「ショートショート　みんなの広場」の中の八塚顔高さんの作品を要約したものです。

このストーリーは多くの人の心に響き、アニメにもなりました。


人間はたった一つ叶えてくれるという願いに迷い、その意見は一致することはなく、バラバラでした。

けれど、人間以外の生き物たちの願いは、みんな一緒だったのです。

人間がいなくなれば、自然はこれ以上破壊されることはなく、住みやすい地球が再び戻ってくると。

このストーリーから思い出すのは、宮沢賢治の次の言葉です。

世界全体が幸福にならないうちは、個人の幸福はありえない

「農民芸術概論綱要から」

◎神技のはじまり

今から約1万数千年程前、激しい地核変動と大洪水が大陸を襲い、わずか一昼夜にして姿を消した伝説の超古代文明アトランティス。なぜそんなことが起きたのでしょうか。アトランティス文明は高度な文明を築き、そのエネルギーはレーザーを使った遠隔操作によって供給されるという高度なものでした。

しかし、文明は進化したもののそれは人々の幸せを築く方向には使われませんでした。そこで創造主は、神の意志にそぐわないアトランティスを抹殺することを決め、一瞬のうちに海底深く沈めてしまったのです。

６０００年前の出来事が旧約聖書に書かれています。あのノアの箱舟の物語です。そして主は神と共にある正しい人のみをノアの箱舟に救い上げたと旧約聖書「創世記」にあります。

そして今世紀、世界を一瞬のうちに飲み込むウイルスパンデミックの嵐が吹き荒れました。人類の愚かさが招いた物質文明の危機です。そして現代文明の本質的な危機を自覚せずに、地球環境を想像以上のスピードで破壊し尽くす人間の愚かな知恵が問われています。さらに巨大な共産主義軍事国家の成立に伴う全体主義による世界制覇の目論見《もくろみ》が人々の不安を煽《あお》っています。

こうした状況下、神は優れたテクニックを駆使して神罰を繰り出したのかもしれません。現代文明の末期症状が、アトランティス文明の消滅と似通っているように私には思えてなりません。

エドガー・ケーシーは、「一度、アトランティス文明の消滅を体験学習した人類は、今度はどんな選択をするのだろうか。今度こそ選択を間違ってはならない」と語っています。神は、人間の能力では考えも及ばぬ神技を多用して、緻密に行動しているようです。予言にあるように、人口の3分の2の抹殺は、神技の選別なのかもしれません。そのとき、あなたはどんな行動をとれますか。各自考えてみてください。

①　神と地球に感謝して生きる
②　他人の幸福のために生きる
③　生物多様性を大切に生きる

④ 宇宙観を持って生きる

ということは、これらの生き方に少しでも叶っている人々、神が好む善良な人々、さらに地球再建のために必要とされる人材は護られるということです。一方、自分さえよければいいという考えの人、金儲けに走っている人などはいち早く対象者となり、今後来るウイルスの主要ターゲットになりかねません。油断はまったくできない状況にあると言っていいでしょう。また死んでからいく世界も厳しいものとなります。

30年振りに丹波哲郎の映画「大霊界2　死んだらおどろいた!!」を観ましたが、そこでは霊魂不滅の証を説いていて、生前の行い次第で地獄へ行く人もいます。地獄に選ばれて行った人々の生活を観ながら、やっぱりそこには絶対行きたくはないと思いました。

霊界は、今回送り込まれて来る人々の大半が地獄界であると想定して、早くも地獄界の領域を拡大していると言います。なにしろ令和という時代は、善し悪しがはっきりする時代で、神の御心に合致していないとはじかれてしまうのです。令和の年号の選定は6つの選定候補（3つは中国古典から、残りの3つは日本古典から）の中から当初3つに絞られ、さらに2つに絞られ、まるで神に導かれるように「令和」に決まりました。

令和の令は、神が世を支配下に置くために、指令・命令を発して監督下に置き、神意に向って行動を強化するという大きな意味が含まれていると言っていいのです。従って今や時が熟し、神の力によって世の立替え立直しが強行されるといいます。

それは4年前の、北京都にある天橋立《あまのはしだて》真名井が原にご鎮座されている真名井神社の神々の動きと一致します。真名井神社の遷宮立替の行事が始まったのは6年前からで、遷宮立替えの完了した時期が平成30年10月15日と、令和の直前です。6年前から神は真名井神社の扉を開く準備に入っていました。その頃、また米国の大統領トランプが大統領候補になっていました。大きく世界の秩序を変えさせるための布石として。

真名井が原の神は、久しぶりに3神が勢揃いしました。主神の天主はもちろんのこと、国常立と天常立の神々の揃踏みです。この神々の最終目標はみろくの世の建設です。さらに現地にてコロナを動かし、水を動かしている神々がいます。これが、ニギハヤヒの大神であり、瀬織津姫《せおりつひめ》の神です。ニギハヤヒの大神は別名、日の出の神と言って太陽神とも言われていて、太陽コロナと同じ名のコロナウイルスを操作しています。瀬織津姫の大神は水の神様と言われていて、世界で起きている水害を操っています。現場で動いているこの二人の神様は、あまり聞きなれない神様だと思いますが、日本の国造りに貢献された、もっとも重要な神様です。

旧石器時代よりさらなる大昔、地球上に降臨したヤハウエと称する宇宙最高神の格を持つ大神が、丹後の真名井が原の磐座《いわくら》にご鎮座されました。ヤハウエの大神のご降臨の後に、続いて降臨されたのが、男神ニギハヤヒと、女神瀬織津姫です。のちにヤハウエの大神は、人々によって天之御中主神と称されるようになります。その後、ニギハヤヒと瀬織津姫の両神は、国造りのために地方に派遣されました。最初に派遣されたところは三河、今の名古屋地方です。ここが国造りのスタート地点です。

ニギハヤヒと瀬織津姫は、プレアデス星団の中の神界から派遣された男女神です。まもなく、古事記に出て来る残り５人（神）の神々のご降臨がはじまります。さらに、日本書紀に出て来る６人の神々も、次々に降臨され、産生《うぶすな》の神々は、他の神々を産み、神世界が広がっていきました。

◎既存のものは8割なくなる

私は数年前から、丹後にある真名井神社の立て替えを推進してきました。これまで日本を守護してきた真名井神社が、無残な形を晒《さら》しているのを見て心が痛み、なんとかこれを立て替えなければ日本は危ないと思ったのです。

かつて真名井が原に降りた神こそ、これまでの日本国を守護してきた原点だと私は思っています。というのも日露戦争のとき日本の国力は相手国の100分の1でしたが、日本は負けませんでした。大東亜戦争は200から300分の1でしたから、勝つことはできませんでしたが、あのとき負けなければ今の日本はなかったと思います。昔から神風と言われているように、日本には神の加護がありました。

大陸に向きあう丹後半島の真名井神社は、今なお国防にとって大切な拠点なのです。全体主義の覇権を推し進める中国に対する防衛のためにも、真名井神社の再建は必要不可欠だと考えていました。

この地にある天橋立は、天と地を繋ぐ梯子《はしご》と信じられたように、神と人とのいざないの霊地でもあります。新しい時代の世界平和のために今一度、真名井の神々に蘇ってもらう必要がありました。そこで心ある人々に呼びかけて寄付を募り、遷宮（大修理）が実現したのです。

2019年、念願通り真名井神社の再建は叶いましたが、重要文化財だったために、その立て替えは容易ではありませんでした。全部を取り壊して建て直すということはできませんから、残せるものは残さなければなりませんでした。全部取り壊して新築すれば1年で建設はできましたし、費用も安く済みましたが、残せるものを残しながら新しくしていくのは大変な作業でした。にもかかわらず宮大工さんたちの手慣れた作業で、かつての建築物は2割残すことができました。そして、いざ開いてみたら数カ月先の大雪までは持たなかったようです。ギリギリの時点で遷宮は叶いました。

私の真の目的は中国からの侵略を食い止めることでしたが、そのことは口にすることはありませんでした。落成式の前夜、現地で講演会をすることになったとき、初めてその気持ちを話すことができました。

そして平成が終わり、令和が始まりました。「令和」の言葉の意味は前述したように、神が支配するという意味ですから、厳しい時代になります。立て替えが始まるからです。

私はそのとき、真名井神社の建設が2割残して8割を新しいものに再生したということの数値が、これから始まるコロナ後の新しい時代の目安になるだろうと思いました。つまり、8割が既存のものではなく新しいものに変わるということです。

そのとき、大切なことは「信じる」心です。神を信じる心があれば大難も小難になります。そのとき信じるものは本物でなければなりません。今回の新型コロナのような疫病はこれまで何度も起きていますが、それで栄えた宗教もあれば、ダメになった宗教もあります。形ではないのです。

信じるということは、自分の損得といった自我を捨てて、透明になる程の真の信仰（創造主である神を信じる心）が必要です。信仰があれば、感謝の念は自ずと湧きます。

普段身体のケアをしていても、癌になられた方々には「ここに来たから、助かったと思いなさい」と言います。信じることができれば本当に良くなっていきます。「信じる」意識の影響は大きいのです。ある人は、治療後に病院に行ったら「変わっていない」と言われたと言います。「変わっていないということはすごいことですよ。普通なら悪くなっているはずですから。後は助かったと思うだけですよ」と私は言うのです。心が先で、肉体という物質にその結果が現れるには時間差があります。この世には時間があるからです。

つまり、この世界は、見える物質の世界は0・1％に過ぎません。この形ある世界を作っている原子というのは目には見えないからです。見えない世界の99・9％が、じつはこの世界を創っていると言ってもいいのです。さらに、さまざまな現象は、見えない心が先で、思った心のまま、形の世界は成り立っていきます。

私は新型コロナの出現も神の意志だと思っています。それが細菌兵器であり人工ウイルスだとしても、神の意志によって出現しています。それは人々の心が他を顧みず自分さえ良ければと欲まみれになり、この世界の調和があまりにも崩れたからに他なりません。

元伊勢といわれる真名井神社奉賛会の小長谷修聖さんは、国常立大神様系列の御神霊から啓示「ミロク神示」を毎月降ろされていますが、私もそれを購読し、神の心を学んでいます。

◎なぜ岩手に感染者は出なかったのか

岩手の人口は１３０万人以上ありますし、盛岡は東北では仙台に次ぐ都市です。それにもかかわらず、７月に２名の感染者が出たものの、それまでの数字は０を維持していました。そこには瀬織津姫という祓《はら》いの神様がいるからではないかと私は思います。なぜ岩手にそんな神様がいるのでしょうか。

真名井神社には、天之御中主の神様がいます。そして昨年、真名井神社が新しくなったことで新たな神の扉が開きました。それまで封印されていた国常立大神さまも故郷に帰ってきたのです。国常立大神は、その境遇が瀬織津姫とよく似ています。そして天之御中主は西洋でいうヤハウエです。

私たちが今よく信仰しているのは天照大神ですが、その名は神様の序列から調べていくとなかなか出てこず、137番目になってようやく出てきます。それは瀬織津姫と大きな関係があります。瀬織津姫の方がじつは古く、古事記よりも遥か昔から存在した神でした。天照大神を祀り始めたのは持統天皇だといわれています。持統天皇は天武天皇の皇后であり、天武天皇亡き後、天皇となりました。それまで皇祖神、天皇家の祖神がはっきりしていなかったため、持統天皇は天皇家の祖神を天照大神と決め、伊勢神宮に祀りました。しかもそれまで天照はアマテルといって男神でした。それを持統天皇は女神として祀ったのです。

天照大神は崇神天皇の時代に真名井神社から出て、あちこち旅をして辿り着いたのが伊勢でした。ところが、その前にそこに鎮座していたのが瀬織津姫でした。そこで持統天皇は天照大神を主神にするため、もともとあった瀬織津姫は天照大神の荒御魂《あらみたま》として祀ることにしました。その宮は今も、伊勢神宮の中にあります。

大化の改新で大宝律令が701年に定められ、天皇を中心に中央集権化していきますが、そのときに皇祖神も天照大神に定められたのです。そして伊勢神宮が20年に一度遷宮する風習は、この持統天皇の時代から始まっています。

なぜ20年に一度遷宮するのか、その理由は今もはっきりしていません。よく言われるのは、技術の伝統的継承が途切れないためだと言いますが、必ずしもそうではありません。出雲大社の遷宮は60年になっています。じつは、全国の神社が知らないうちに天照大神ではなく瀬織津姫を祀っていないか、チェックするためだったのではないでしょうか。

その頃、全国に瀬織津姫を祀った神社はたくさんありましたが、それもすべて封印されました。天照大神に替えるか、他の神様に替えるか、瀬織津姫を全国の神社から追い出したのです。主祭神も再神も替えさせられました。そうやってきて、明治になってからも明治政府が同じことをやりました。密かに瀬織津姫を祀っていないかどうか、もう一度チェックして調べたのです。

◎早池峰山に存在した瀬織津姫

皇祖神を天照大神にするために、瀬織津姫は天照大神の荒御魂とされたのですが、北の大地、岩手がその瀬織津姫を引き受けました。それが早池峰山《はやちねさん》山麓の人々でした。

昔は岩手と言えばエミシ（蝦夷）と言って、大和とは別の国でした。大和朝廷は中央権力に従わないものを蝦夷として蔑み、討伐の対象にしていたため、中央権力に敗れたものはここに逃れるものもありました。そこを形成していたのは縄文先住民であるエミシだったのです。

中央から追い出されたその瀬織津姫を匿ったのが岩手の遠野の人々でした。しかも追手が来て調べるときには、姫の神とか、姫の大神などと名前を変えて言い逃れていました。大迫の早池峰神社は、かつては瀬織津姫神社でしたが、神社改めが厳しいときには一時、姫神社という名に改めていました。また岩手では座敷童《ざしきわらし》は瀬織津姫の変化《へんげ》であるとも言われていますが、それも表に出せない瀬織津姫を堂々と拝することができるよう、当時の人々の知恵であったのかもしれません。

座敷童の住む家は代々栄えるという伝説があります。戦後も座敷童信仰が一時盛んになり、松下幸之助や、本田宗一郎などが、その恩恵を受けたと言われています。今、岩手がコロナ禍において感染者が少数を保っているのも瀬織津姫と関係があるとすると、岩手の先祖の未来を読む力は半端でなかったことが理解できます。そして今も岩手では困っている人に対し手を差し伸べるという風習が残っています。黙って見て見ぬ振りができず、助け合い、支え合い、協力し合って生活しています。楽しい嬉しいことは、多くの人と分け合う、とても住み良い地域であると感じます。

それから１３００年が経ちますが、これまで瀬織津姫は日本史上どこにも出てきません。ところが柳田國男が岩手県遠野地方の伝承や民話をもとに書いた『遠野物語』に、その名は出てきます。その多くは祓の神として、あるいは水神や滝神として祀られています。瀬織津姫がどんな力を持っているかというと、祓いの神として、唯一、大祓の祝詞に祓神の４神の１柱として出てきます。

祓いの神４神の第１神である瀬織津姫は、もろもろの禍や罪、汚れを川から海へ流す神であり、第２神の速開都《はやあきつ》比売《ひめ》神は、河口や海の底で待ち構えているもろもろの禍や罪、汚れを飲み込む神、第３神の気吹戸主《いぶきどぬし》神は、速開都比売神が飲み込んだものを根の国、底の国に息吹を放つ神、第４神の速佐《はやさ》須良《すらい》比売《ひめ》神は根の国、底の国に持ち込まれたものをさらってなくしてくれる神様です。

私はこの祓いの神である瀬織津姫こそが、岩手をコロナから守ったのだと思うのです。瀬織津姫は禍を洗い流すと言いますが、疫病にはとくに強いのです。しかも瀬織津姫は追放されたのですが、それすら水に洗い流す、洗心の神でもあり、心の中にある邪気を払います。瀬織津姫の本名は、撞賢木厳之御魂天疎向津媛命《つきさかきいつのみたまあまさかるむかつひめ》といい、またの名を木花咲耶姫《このはなさくやひめ》と言います。お姉さんが磐長姫《いわながひめ》です。

瀬織津姫を祀っている神社は全国に４００社程ありますが、岩手には瀬織津姫神社が36社あります。青森県、秋田県、宮城県には1社、山形県には2社、福島県には7社あるほか、静岡、鳥取、岡山にも数多くあります。

岩手のなかでは早池峰山麓に多く、早池峰神社がその主神であり、早池峰山頂には奥宮が鎮座しています。早池峰山は、岩手県の中央部に位置する北上山地の最高峰ですが、この山は日本でもっとも古い地層の一つで、古生代に形成された蛇紋岩の残丘と言われています。山頂から拝む朝日は、日本ではいちばん早いといわれています。この地層はミヤマヤマブキショウマをはじめ、ハヤチネウスユキソウなど美しく珍しい花を咲かせ、女神にふさわしい花の山でもあります。

また、花巻市にある早池峰神社境内には、瀬織津姫のお印の木が立っています。それは一位《いちい》の木です。一位の木は昔から魔物を祓う力のあると言われています。岩手の人々は、遠野物語に見られるように古くから神々や自然と共存して生きてきたのです。

第2章

パンデミックは必ず来るとわかっていた——アートテンからSIへ

コロナ・ウイルスから人類への手紙

（ヴィヴィアン・リーチ氏がコロナ・ウィルスの視点で発した私たち人類への手紙）

地球は囁きました、でもあなたは耳を貸さなかった。
地球は話しました、でもあなたは聞かなかった。
地球は叫びました、でもあなたは耳を塞いだ。
そして、私は生まれました。
私はあなたを罰するために、生まれたのではありません。
私はあなたの目を覚ますために、生まれたのです。
地球は助けを求めて叫びました。
大洪水、でもあなたは聞かなかった。
燃え盛る火事、でもあなたは聞かなかった。
猛烈なハリケーン、でもあなたは聞かなかった。
恐ろしい竜巻、でもあなたは聞かなかった。
汚染した水により海の生き物が死んでいく。
警鐘を鳴らして氷山は溶けていく。

厳しい干ばつ、
そんな時、
あなたは地球の声を聞こうとはしなかった。
地球が、
どれほど悲観的な危機にさらされていても、
あなたは聞こうとしなかった。
終わりのない戦争、
終わりのない貪欲さ、
あなたはただ、自分の生活を続けていた。
どれだけの憎しみがそこにあろうと、
毎日何人が殺されようと、
地球があなたに話そうとしていることを、
心配するより最新のiPhoneを持つことの方が大切だった。
でも今、私はここにいます。
そして、私は世界のその軌道を止めました。
ついにあなたに耳を傾けさせせました。

私はあなたに避難を余儀なくさせました。
私はあなたに物質的な考えをやめさせました。
今、あなたは地球のようになっています。
あなたは、
自分が生き残ることだけを考えています。
どう感じますか？
地球を燃やして……私はあなたに熱を与えました。
汚染された地球の空気……私はあなたに呼吸への課題を与えました。
地球が毎日弱っていくように、私はあなたに弱さを与えました。
私はあなたから快適さを取り除きました。
あなたの外出、
あなたが以前は忘れていた地球とその痛み、
そして私は世界を止めました。
そして今……
中国の空気はきれいになり、
工場は汚染を地球の空気に吐き出さなくなり、

空は澄み切った青色に、
ベニスの水は透明になり、
イルカを見ることができます。
なぜなら水を汚していたゴンドラを使ってないから。
あなたには、
自分の人生で大切なものは何かを
考える時間ができました。
もう一度言います、
私はあなたを罰しているのではありません。
私はあなたを
目覚めさせるためにここにいるのです。
これがすべて終わったら私は去ります。
どうか、これらの瞬間を覚えておいてください。
地球の声を聞いてください。
あなたの魂の声を聞いてください。
地球を汚さないでください。

争うことをやめてください。
物質的なことに気を取られないでください。
そして、あなたの隣人を愛し始めてください。
地球とその生き物たちを、大切にし始めてください。
何故なら、この次、
私はもっと強力になって、
帰って来るかもしれないから……

コロナ・ウイルスより

◎日本の危機管理に携わるため自衛隊を辞める

私は45歳のときにそれまで勤めていた自衛隊を退職しました。当時は対ソ連の訓練を続けていた幹部自衛官でしたが、１９９１年にソ連が突如崩壊というまさかの出来事が起き、それをきっかけに目を国内に転じると、日本の将来の深刻さには深く憂慮せざるを得ませんでした。

ソ連が崩壊すると、外部からの侵略は当分ないだろうと思いましたし、当時は中国もここまで力をつけていませんでしたから、そうすると今後、国益を損なうことは何かと考えたときに、内部崩壊が怖いと思いました。または外部からの間接侵略による崩壊です。なぜかというと、三島由紀夫氏が心配しておられたとおり、日本人の魂が空白状態になり、平和と自由に酔いしれていたからです。気がつけば、中国に国連、ＷＨＯまで侵略されています。

そこで私は次の３点を研究テーマにすることにしました。食糧安全保障、パンデミック安全保障、そして高齢化社会における医療崩壊です。私たち団塊の世代が後期高齢者になるときの社会保障費、併わせて国民健康保険、介護保険、年金など、いずれも破綻しかねなく、そのとき国が内から潰れていきかねないと思ったのでした。

そして、必ず来るであろう食糧難とパンデミック対策については、今から講じないと大変なことになると思い、その準備を始めることにしたのです。自衛隊を辞める前から私は休みの日は整体治療を学んでいました。骨盤調整で著名だった五味雅吉さんのところへ通い、1994年に富士の裾野で現代健康研究所を開きました。

また、中川雅仁さんの新氣功を学び、後に病気を癒すための宇宙情報を私も得られるようになりましたし、そこで学んだ正食(マクロビオティック)にも大きな影響を受けました。当時は高齢者専用の分譲マンションの総支配人もしていたため、厚生労働省の資料やデータに目を通すこともできたことから、今後のことを考える上で、国の方針を知ることもできました。

そうして農業や治療に適応できるアートテンテクノロジーを開発しました。というのは、いつからか宇宙情報が取れるようになり、私の頭の中に10桁の数字が降りてくるようになったのです。宇宙の情報は数字でできていて、それは素粒子を超えた始原粒子ですが、それを脳で電位信号で受け取ると、その情報を当時はセラミックカードにインプットして農業や治療に使うことができました。現在アートテンは、ＳＩ（スペースインテリジェンス）と進化し、さらに高次元情報を受け取れるようになっています。

膨大な宇宙には役割分担があり、それぞれの情報を保有していますが、それを百科事典のように総合整理しているのが宇宙であり、宇宙神です。サムシング・グレイトという人もいます。それは巨大なスーパーコンピューターといってもいいでしょう。私はそうした宇宙情報システムの中から必要な情報を得ることができます。

たとえば農業で良い作物をつくるために、「農薬除去」という情報を得たいとしますと、まずその情報がどの星にあるかを聞きます。すると、その情報は４カ所、南の冠座、画架座、カシオペア座、上妻クミカの座にあることがただちにわかりますので、それぞれにコンタクトをしてその答えを得ます。そして、その情報を幾何学的模様と色彩に分析して曼荼羅図にします。それがアートテン波形カードです。曼荼羅カードといってもいいでしょう。

空海も神仏からの暗号を曼荼羅図にして残しています。また世界中に出現しているミステリーサークル（高速情報周波数でスタンプを押すように一瞬で描かれますが、偽物も少なくない）もそうした曼荼羅といってもいいでしょう。そこには重要な宇宙からの情報が描かれていますが、いずれも天星からの暗号です。そのほとんどが、環境破壊や科学文明の危険性など、地球の危機的状況への提言であり、人類の進化向上を促しています。

◎パンデミック対策に取り掛かる

このアートテン技術開発のもう一つの目的が、ウイルス（細菌）対策でした。歴史を研究することで、パンデミック（世界的感染症の大流行）は近い将来、必ず起きることがわかりました。

そこから研究を始め、100年前に起きたスペイン風邪、それから流行性感冒を封じ込められる方法がわかりました。もしかしたらもっと大きなことが起きたときにも対応できるのではないかと思い、それからは研究に熱が入って、香港AとかBとかいろいろやって来たインフルエンザ全部に試してみたら、すべてに対応できました。

ウイルス、細菌、カビなどの大半は人のためになっていますが、中には人間の体に害を及ぼすものがあります。その一部は人を死に追いやるものもありますから、その研究に入っていったのです。

ウイルスの正体がわからないと研究になりませんから、その正体を突き止めていったのですが、すると細菌は人間の霊が変化したものであり、ウイルスは動物霊が変化したものだということがわかりました。カビはウイルスと細菌が合わさったものです。これは私が宇宙情報から得たものですが、なぜ動物霊がウイルスに変化したのでしょうか。普通のウイルスはそうではありませんが、動物霊が変化したウイルスは人間に害を与えるものになります。有害化したウイルスです。

そして香港ＡとかＢというのも、動物霊が変化したものだということがわかりました。今度の新型コロナウイルスも、収束したとしても季節性の流行性感冒と変化していきます。それは医学的にも言われています。今までに起きたスペイン風邪も季節性の風邪として今も残っています。

それを人工的に作れば、生物兵器といわれるものになります。これは人を殺すことを研究して、治すことは研究していません。私はどうすればそれを治すことができるのかということをずっと求道してきました。そして、その技術をスペースインテリジェンスと名づけました。日本語で言えば、宇宙知恵、宇宙知能、宇宙知性ということになりますが、これらはすべて宇宙情報なのです。これまで研究してきたアートテンをさらに進化したものです。

満を持して準備を整えているところに、この新型コロナの発生です。2019年の年末に中国で発生して以来、1月には1万人が感染し、死亡者数は200人くらいだったのが日に日に増加し、4月に入ってからは患者数が100万人、死亡者数は5万人になりました。それからたった4日間で患者数が30万人、死亡者数が2万人以上と、その被害は一気に増えました。わずか2カ月で南極を除いて世界中に分布したのです。2020年9月、米ジョンズ・ホプキンス大の集計によると、新型コロナウイルスによる世界の死者は100万人を超え、感染者は3000万人以上に達したそうです。その感染力と適応能力はまさに驚異的でした。

かつて、スペイン風邪の「第1波」は1918年、米国とヨーロッパで始まりました。第1波は春と夏に盛り上がりましたが、死者はあまり多くありませんでした。そして「第2波」は秋から始まったのですが、その死者は10倍になり、しかも「第1波」に比べ若者たちが多かったのです。しかも発症してから2~3日で亡くなっています。

今年の新型コロナウイルスも、日本では3月に山場があり、夏になって再度、感染者が増加がしています。「第2波」はまだ日本に来ていませんが、おそらく冬にかけて始まるでしょう。無症状の潜伏期間が長いため、発症したらすぐに重篤になる可能性が高いため驚異です。

スペイン風邪を参考にしながら、備えることが肝要です。私たちは何千年経ってもなぜ同じことを繰り返しているのでしょうか。

コロナの発生源は、中国は否定していますが、武漢にある生物兵器研究所から出ています。おそらく中国内部からのテロです。つまり反中国共産党テロです。こんな不都合なことは、ひた隠しにしなければなりません。コロナの原因は雲南省に生息している蝙蝠《こうもり》と言われていますが、武漢には蝙蝠はいません。生物兵器にするためには人間の受容体に入り込めるような遺伝子操作をしなければ人には移りません。蝙蝠の中にある毒性のものをあらゆる動物を使って実験をし、その動物を武漢の海鮮市場に流したのだろうと言われています。本来はそういう動物実験をした研究所は全部消却処分することになっています。

ＳＡＲＳで使われた動物は蛇で、カナダの中国市場から始まっています。去年の春くらいから自然のコロナウイルスに近いものが発生してきていましたから、テロを起こすには最高のチャンスだったのでしょう。その自然のウイルスに紛れ込ませたのです。このテロ行為を中国は絶対に認めるわけにはいかないのです。しかし、そうしたテロも、じつは神の誘導によって起きたことです。これがコロナ・パンデミックの出発点です。

コロナが発生した直後、研究者たちのよってさまざまな論文が掲載されましたが、1週間後にはすべて消されました。それを書いた人たちの姿も行方不明になりました。中国当局としては不都合なことだったからです。

それは中国の全体主義が世界を覆っていくことにおいて、あってはならないという神界の意思があると思います。中国は自分たちに都合の悪いチベット仏教を崩壊させていますし、ウイグルの人権も無視し、内モンゴルも母国語を奪って完全に中国化するなど、全対主義の中で臓器移植など、非人道的なことを多々行ってきています。

コラム１　スペースインテリジェンス（ＳＩ）の世界

広大な宇宙には、私たちの想像をはるかに超えたロマンがあり、未知なる世界が永遠に広がっています。私たちの視覚や聴覚は、宇宙世界の99・９％を捉えることができません。しかし、知識的には０・１％を超えて１％まで理解できています。宇宙を知的に理解している人たちにとって、宇宙は未知なる由に魅力的でさえあります。この宇宙からは、日常的に夥《おびただ》しい情報が地球に飛来していますが、０・１％以下の能力では感知できないし、コンタクトも難しいです。

宇宙には、いろいろな仕組みがあります。情報キャッチ能力や、コンタクト能力を仕組の中から取り出すことができると、コンタクトマン化します。要するに、宇宙情報をキャッチする能力と、相手方と交信する能力が身につくのです。まるでドラえもんのようにポケットからあらゆる不思議なテクニックが出現するように。

私がコンタクトしている宇宙情報の発進もとは、最高級の情報を与えてくれています。つまり、この宇宙情報は宇宙の仕組みの中で設計された正統に認められし最高権威のある科学技術であるとまで発表されています。私はこれを「SIATMU」と表現しています。これらの権威ある宇宙情報を使って、多くの皆さんに役だて、最新の情報を組み立て、大きな成果を数々あげています。

例えば、SI技術を使えばこんなこともできます。あなた好みのコーヒーを簡単に提供できます。コーヒーメーカーにSI情報を入力するだけで、あなたの前に出て来たコーヒーがあなたにとって最高に好きなうま味を醸《かも》し出して登場します。つまり、そのコーヒーは、あなた個人の嗜好情報を瞬時に収集分析し、成分変化をもたらす機能を持ち合わせていますので、本人も驚きの好みのコーヒーに、一瞬のうちに仕上がり提供されます。もちろん、当日の体調についても考慮されています。さらに身体に不調なところがあれば、機能回復のための薬源にも変化します。5〜6人のグループでチェックし合うと、その結果に驚くでしょう。

スペースインテリジェンスは、コロナ後の社会においては、なくてはならない情報が満載です。社会の仕組や構造が大きく変わって行く中において、SIの役割は、極めて重要になります。SI技術は、すでに5G社会をはるかに超えています。

◎新型インフルエンザに対応するために準備してきたこと

私が長年研究してきたことからお話ししたいと思います。

現代健康研究所は、いずれ到来するであろう新型インフルエンザに適切に対応するために、15年前から着々と準備を進めてまいりました。とくに冬場に流行するインフルエンザは、その予行演習になりました。

各種インフルエンザの持つ毒性をチェックして、この毒性を中和消滅させる高次元情報をもとに天敵情報を得て、結果としてすべてのインフルエンザウイルスは、天敵効果法により、急速に力を失い、消滅していくことがわかりました。これがアートテン療法です。

たとえば、２００７年11月から２００８年2月まで3年ぶりに世界で流行したAソ連型インフルエンザウイルスは、40度近い熱が出て、激しい頭痛、我慢できない節々の痛み、言いようのない全身のだるさ、寒気に襲われ、１週間から10日辛い思いをします。

最初に発症した段階で、こうしたアートテン療法を施せば、２日でよくなります。同様の症例はたくさん報告があります。

A香港型インフルエンザの流行で、学級閉鎖直前の小学校のY君のクラスで、クラス全員が病院での診断の結果、A香港型と判明しました。

しかし、症状などから同型と思われていたK君だけはただの風邪と診断されたのです。なぜなら父親が前夜に香港A型のアートテン療法を申し込んでいたからです。このためインフルエンザウイルスが検出されなかったのです。回復が極めて早いことはいうまでもありません。同様の事例が年々報告されています。

大学4年生のS君は、2007年12月10日Aソ連型の激しい症状を訴え、とても辛そうな声で電話してきました。そこで電話による2~3分の遠隔治療を施して、明日の朝には楽になることを告げました。すると、2日後に電話があって、すっかり回復したとのことでした。即効性の高いものを選定してそれを使用します。

2007年12月15日、現代健康研究所に、小学校1年生と幼稚園生の2人の男の子が母親に連れられて、ぐったりしてやってきました。インフルエンザによる高熱でいつもは暴れ回っている男児がさすが具合悪そうに横になったきりでした。ところが、次の日には9割方よくなったとみえて、いつもと同じように元気にうるさく走り回っていました。アートテン技術はこのように威力を発揮します。

じつは、私も不注意にもこの子たちから感染してしまいました。私は過去の経験からインフルエンザの流行中は絶対かからないと過信していたのでした。3日後、急に寒気がして、体がかったるさを訴え、関節の痛みと身の置きどころのないだるさには苛まれてしまいました。熱は意地でも測りませんでしたが、38~39度はあったでしょう。ちょうど仕事が休みの日でしたので、アートテン療法を使ってみると、体が急に楽になることを実感しつつ、2日後には、病み上がりですが仕事ができました。

新型インフルエンザは、鳥インフルエンザH5N1と、このAソ連型が人間の体内で融合して、人から人へ感染する強毒性を持つウイルスに進化してできるといわれています。たった2~3日の体験でしたが、Aソ連型だけでもその辛さは半端ではありませんでした。

新型ウイルスがこの数倍から数十倍の強さであったとしたら、本当に死の淵から生還することがいかに難しいかがわかります。この新型ウイルスから発症するインフルエンザにかかったら、生き残ることが可能でしょうか。

◎生き残ることを可能にする情報

アートテン療法は、細菌類やウイルス類に効果を発揮する高次元情報を使用しています。マイコプラズマ肺炎や、ノロウイルス、ロタウイルスにも劇的に力を発揮します。マイコプラズマ肺炎にかかった36歳の主婦の方は、1カ月以上咳が止まらず、通院の効果も期待できずにいました。アートテン療法によって作られたマンダラ波形の1時間照射により、急速にその日から咳が出なくなり、回復しました。

激痛を伴う帯状疱疹《たいじょうほうしん》もウイルスによって起きますが、これもアートテン情報により、痛みを伴わず簡単に回復させることができます。淋菌なども同様です。

現代健康研究所では、15年間の研究を踏まえて90年ぶりに人類に襲い掛かろうとしている難敵に対して、その真価を発揮しようとしています。アートテン情報とは、大宇宙に点在する無限の星座との交信により、星座神霊から私たちの生活に必要な情報を天の恵としていただく高次元情報のことだということは前述しました。

どんな困難なことも初期であれば、必ず解決の糸口を与えてくれる秀でた力です。宇宙の力は、人間の能力の何兆倍という偉大なものです。このことが理解できなければ救われることはありません。

なぜこんな嵐のようなすごい殺人風邪が地球を襲うのでしょうか。その本当の目的と狙いはどこにあるのでしょうか。地球浄化に伴う人口適正化のための人口削減と、人間に地球利権を任せたことの反省を兼ねた正当な神による大粛清といえます。

たとえば、一般の家庭において、子供3～4人ほどの家族であれば、どうにか家計をやりくりして生活を続けることが可能ですが、この3倍の家族だったらどうでしょう。生活を維持することはできないでしょう。今、この地球にもこれと同じことが起きています。この状態をこのまま放棄してしまうと、この美しい地球は荒廃し、生命体が存在しえなくなってしまいます。神はこうした危機を避けるため、適切な処置をとることが望まれるのです。つまり、口減らしが必要なのです。

昭和初期の日本では、食べることに困り、子供たちを川に捨てたり、身売りさせて生活を守ったこともありましたが、これが地球規模で起きるということでしょう。65億7００0万（15年前、現在は約77億人）の地球人口は、１００年前の3倍に達してしまいました。この美しい地球を維持するための人口は20～25億人が適当だといわれています。

今、定員5人の船に10人乗っていたとします。船に浸水が起こり、もう直ぐ沈没することが予想されるとしましょう。4~5人を犠牲にしなければ全員が死んでしまいます。やはり5人の定員に戻すために犠牲者を出さなければなりません。海に突き落とさなければなりません。これが緊急避難といわれるもので、法律でも謳われています。まさに、地球浄化作戦は、緊急避難なのです。

では、将来的には3分の2近い人が犠牲になるわけですから犠牲になる人と、生き残る人との間には、何か思想的なことが存在しているのでしょうか。

今、私たちは地球の恩恵を受けて生きていることをどれだけ認識しているでしょうか。私たちを生活させるために地球がどれだけの力を貸してくれているのかも承知していません。それをあたりまえだと思い、大地の凄さを認識していない人があまりにも多くありませんか。

地球はすごいスピードで回転し、またすごいスピードで太陽の周りを回っています。では、なぜ私たちは静止しているのでしょうか。これも地球のおかげです。水や食料のこともいうには及ばないでしょう。人間は自分の体は酷使しますが、日頃から体や健康にいいことをやっている人は少ないのが現実です。

これを地球に置き換えると、地球を荒らすことは山ほど行っていながら、地球を思いやることは一つもしていません。ただ自分の利益のためだけにしか行動していません。選ばれし新たな生存権を得る３分の１の人たちは、地球のためになることを考え、破壊された地球を再生しようとする意志の高い人たちが選ばれるのです。神の実力行使も、こうした人たちに向けられていきます。

新型インフルエンザは、かからない人がいないくらい無差別に襲いかかります。この危機を乗り越えた人たちのみが、生存を許されるのかもしれません（これは15年前のＳＡＲＳ発生後に書いたもので、そこから現代健康研究所の役割を次のように規定しました）。

◎神は耐えられる試練を与えている

現代健康研究所の役割というのは当然、これらの生き延びた人たちを多く救うことが任務となります。したがって、私たちはすべての人を助けようとは考えてはいません。地球の豊かな未来を築くために働く人たちのために私たちは存在しています。つまり特殊使命を持たされているからです。

新型インフルエンザウイルスは、すべての抗生物質などに耐性しているので、どんな薬を開発しても無駄です。予防注射なども効きません。ヨーロッパでは、流行したAソ連型インフルエンザは、治療薬タミフルが効き難い耐性ウイルスが広がっていると欧州疾病対策センターが発表しています。これが超殺人風邪となって襲いかかってくることは間違いありません。

さあ、皆さん、どうしますか。今からでも「心改むるに、侮ることなかれ」式で、意識の改善を急ピッチで行いますか。まだ間に合うでしょうか。すでに遅くはありませんか。でも熱烈にやってみてはどうでしょう。親が地球の未来を思い、活動する意志があれば、子も救われかもしれません。

新型インフルエンザウイルスは進化を重ねて、ついには高次元ウイルスとなる可能性を秘めています。ヨーロッパで流行したモルジェロンは、5次元ウイルスです。人間の脳に侵襲して脳を破壊する、世にも恐ろしいウイルスです。接触感染の危険性が高いといわれています。その存在は不気味なものでした。ドイツなどは、新型鳥インフルエンザの前にこのウイルスに席巻されています。5年前に発生したSARSも、4次元ウイルスでした。だからウイルスを特定できないのです。

新型ウイルスが5次元ウイルスに進化した場合は、いくら自宅籠城したとしても避けることは難しくなるかもしれません。人間が作り出した4次元、5次元菌が今、世界中に侵攻し始めています。これから登場してくる自然界からのウイルスも同調して高次元化してくる可能性が考えられます。

人間は、遺伝子組み換え技術を手に入れると、最強の者同士を組み合わせてさらなる極限の強さのものを創り出しました。これが闇の世界の悪の手によって悪い方向に使われ出したのが、モルジェロンなのです。新型ウイルスに勝利したとしても、さらなる不気味なウイルス群との闘いが待っています。

こうした真実に基づく情報を得ると、生きていくのが嫌になります。でも神は、人間が耐えられないようには作っていません。どんな高次元ウイルスも高次元情報で簡単に克服できるからです。さあ、皆さん、高次元情報にもっと関心を持ってください。きっといいことがありますよ。透明なくらい素直で純粋な心を持った人たちには理解が容易なことは明白です。

◎現代健康研究所の活動

私たちは、新型ウイルスに罹患《りかん》してすでに重症化した人たちは医師に任せます。肉体的に内臓が相当破壊されていては、再生は無理ですから。私たちは発病初期の人たちで、前述した意志があり、ご縁のある人たちと出会っています。

当初の極めて局所的な感染状況の時期は移動が制限されますので、電話遠隔治療によっても可能ですし、遠隔用紙による遠隔治療も可能です。だんだん広がって集団発生した場合も想定しています。医師の指導のもと、公共施設、学校などを利用して大量に一挙に施す方法も考えています。

罹患した人たちは、学校の体育館や教室に入場してもらい、高次元情報曲のCDから出るアートテン波形を1時間浴びてもらいます。この際、入場にあたってアートテン情報入りマスクを受け取ってもらいます。帰りにはアートテン石鹸を受け取って帰ってもらいます。これらのグッズには取り扱い説明が詳しく書かれている説明書が入っています。さらに希望者にはシャツやTシャツなど2重3重ガード用商品が手に入るようになっています。

また、家族用アートテン波形をドアや窓、各部屋に置けるようにも準備しています。

また、免疫を高め、かかりにくくする方法も高次元情報の中にあります。罹患後、回復期に必要な回復栄養食についても指導できるように準備しています。

第１波をようやくやり過ごしたとしても半年以内に２波がやってきます。さらに進化して波が進むほど被害者数も増えます。３波、４波と、気の遠くなる話です。何しろこの時点では、人間の知恵は完全無能化してしまっています。ここで気づいてほしいのです。人間の能力のなさを。そして高次元の能力（大宇宙の力）の偉大さを。そうすれば希望に満ちた未来が約束されるでしょう。

これからも、ＴＶや書籍で情報収集して、現実に起きるであろう場面を想像してみてください。そうすれば自分は何をすべきかが見えてくるはずです。

第１波襲来後、めでたく回復された方々には次が来るまでの間、罹患者のお世話のために協力していただくことになります。なぜなら、免疫力がついたので再び罹患することがないからです。私たちと一緒に活動してくださる方々を求めています。

◎新型インフルエンザの認識とその対応

私は今、コロナ禍に対処しながら15年前から書いてきた記録を読み返しながら、これまでの研究、そして予測が正しかったことを確認しています。

2008年1月、世界14カ国でインフルエンザH5N1型の死者が出ました。その死亡率はなんと61％といいますから、驚異的なものでした。そのとき私は以下のように捉え、予測し、対応策を考えてきました。

大正7年から翌年にかけて世界的に大流行したスペイン風は、日本だけでも2500万人が罹患し、約40万人の人が亡くなるという猛威をふるったのです。そのときの致死率は2％といいますから、新型インフルエンザの大流行は想像を絶する凄さです。

H5N1型が人間の体内でAソ連型と合体してさらに進化したのが、強毒性ウイルスといわれる新型鳥インフルエンザです。もし、その新型が致死率61％を遥かに超えるものであったら、生活のすべては機能麻痺を起こします。その可能性は皆無ではありません。

国連や世界保健機関（WHO）でも必ずその危険性は訪れるだろうと警告しています。

どこかで発生した新型インフルエンザは、たった1週間で世界中に飛び火し、各国で同時に拡大し大流行するものと考えられています。

２００８年の秋から２００９年にかけて、人から人への感染の中で強毒性ウイルスに進化すると予測していますが、最悪の場合大流行は２００９年に起こると考えていいでしょう。少々進化が遅くなったとしても、２０１２年までには大流行するとの予測が妥当だと考えられます。

◎具体的に起こることの予測

ここから先は10年前の記録ですが、今もそのまま通用します。

世界の多くの専門家による予想を見てみると、世界の人口65億７０００万人のうち、感染者数は16億から30億、死亡者は２００万人から1億４０００万人と予想されていますが、この数字は前回のスペイン風邪級の弱毒型の場合と同じ条件の場合ですから参考にならないかもしれません。

当時の朝日放送テレビでは、世界で20億人が感染し、４億人が死亡すると伝え、日本では2カ月で3000万人が感染し、600万人が死亡するとの予測を立てているようです。さらに最悪の場合死亡者は2～4倍になる可能性もあります。これらの予想が現実になった場合を想定して、私たちはいかに準備し、いかに対応すべきか、個人や家族単位で真剣に研究すべきではないでしょうか。残された時間は少ないと思われるからです。

90年までの日本でのスペイン風邪の感染率は42％とされています。当時の本土のみの人口5500万人から今回の強毒性新型インフルエンザでは、前出の専門家の予想も頷けるのです。新型ウイルスに感染した場合の症状について考えてみると、次のことが参考になります。実際に世界14カ国でH5N1型鳥インフルエンザが発生しています。インドネシアでは平成20年1月までに101人の死者が出ていますが、これらの人たちの症状を見てみましょう。

38度以上の高熱と激しい咳、息苦しさ、下痢、腹痛、歯周出血、血痰、血便、呼吸困難、全身倦怠、全身筋肉痛、関節痛などです。そしてウイルスは血流に乗って全身に広がり、脳、肺、肝臓、腎臓などのすべての臓器に大きなダメージを与えるといわれています。また免疫系の過剰反応「サイトカインストーム」が起こり、10～30代の若い人たちが高致死率になると報告されています。感染経路は飛沫感染（1・5メートルの範囲）、空気感染

（約20メートルの範囲）、接触感染です。

◎生活への影響

世界中が新型ウイルスに席巻されると、不都合なことがたくさんおきます。社会生活が大混乱を起こすということです。スーパーなどの閉店が相次ぎ、食料や日用品の確保が難しくなります。

最悪の場合には、地域限定で広範囲で電気、ガス、水道は供給不可能になり、救急車の要請も叶わず、医療機関は大混乱し、閉鎖も相次ぐと思われます。６割以上の医療機関が診療中止をするだろうと予想されています。

また、流通停滞や病院の閉鎖などで大暴動の恐れも指摘されています。このとき、人災の大火災に見舞われることも想定しておく必要があります。消防車も出動できないからです。さらにゴミの収集も停止する可能性があります。大流行の第１波の山を越えるのに２～３カ月かかるとすると、街はゴミの山となり不衛生化します。

もちろん仕事や学校も休まざるを得ないでしょう。ガソリンスタンドも営業しているかどうかわかりません。電気と水道の制限を受けると、トイレの大問題が発生します。普段の何不自由のない便利で豊かな生活が一瞬のうちに崩壊する恐れが現実問題として起こりうることを肝に銘じておく必要があります。

◎備えて万全を期す

新型ウイルスの第1波の襲来から終息までは2～3ヶ月かかると予想されているので、第2波への備えのとしての参考にしてください。食料は電気水道ガスが不通になることを考慮して、火を通さなくてもいい缶詰などの保存食を用意しましょう。さらに水の確保が難しくなることも考えてペットボトルの備えを。

日用品は解熱剤や水マクラ、マスク、トイレットペーパー、ティッシュペーパー、洗剤、石鹼、消毒用アルコール、大きいビニール袋、ラジオ、カセットコンロ、ボンベ、ポカリスエット、木炭、懐中電灯、電池、ローソク、野外便所作成スコップ、ゴミ袋など。

うっかり忘れないでほしいものとして、高血圧や糖尿病などで定期的に飲んでいる薬、小さな子供がいる方は子供用の必需品を備えましょう。ペットフードもお忘れなく。

◎備えただけでも命は守れない

国内でのウイルス感染の発生が発表になったら、ウイルスからの感染を防ぐために、家から外に出ることを禁止すること。つまり、人との接触を断つことが重要です。来訪者（知人、友人、セールス、郵便局員、配送車など）との接触はしてはいけません。家庭内籠城です。

前述で必需品を備えよと言っているのは、家庭籠城のためです。家族の行動を制限するという甘いことでは油断大敵となることをキモに命じて、家族全員に外出禁令を発するべきでしょう。注意したいのは、小さい子供たちは親の目の届かないところで友達の家に遊びに行くことがあるのでしっかり監視すべきです。

重要なことは、学校は自主休校、仕事は早期自宅待機にしてもらうことなど、家族全員で話し合って、統一した見解を持つことが大切です。こうして自宅にウイルスを持ち込まない、待ちこませない、自然侵入を防ぐことについての対策を講じ、家族全員でブリーフィングし、徹底しておく必要があります。

志賀直哉の短編小説『流行感冒』では、90年前のスペイン風邪にかかったときの情景が書かれています。要約すると、

「家庭封鎖で、外との接触を充分注意していたが、流行して3週間も経った頃に庭に木を植えるため、植木屋を2、3人呼んで作業させた。噂で流行が一段落した話を聞いたので、私もすっかり油断していて、ついに流行性感冒に取りつかれた。感染は植木屋からだった。40度近い熱と腰や足がだるく痛いので閉口。そしてすぐに妻に伝染した。さらに手伝いに来てもらった看護婦にもうつった。そして、しまいには娘の左枝子にも移ってしまった」

という内容でした。このようにあっという間に家庭内伝染は起きてしまいます。

◎もう一つの方法

大都会に住んでいる人は、田舎にインフルエンザ疎開することも得策になるかもしれません。たとえば、東京都の場合を想定してみると、死者の増大とともに遺体の処理が進まず、真夏なら死体の腐敗と異臭で伝染病の発生という最悪の事態にもなりかねません。

また電気水道がストップした場合、大便の処理に困ります。近隣の公園、空き地、鉄道

線路内や道路など所構わず行われ、不衛生極まりないものとなる可能性があります。これがまた伝染病の原因となるのです。ゴミの処理機能もストップし、町中ゴミの山となり、カラスの大群の無法地帯となり、杉並病（不燃ごみ中継施設付近で発生した健康被害）以上の奇病が発生することも考えられます。

さらに、医療機関での診療お断り、薬局や食料販売店の閉鎖などで、医薬品、日用品、食糧などの略奪、破壊、放火などで無秩序化することも考えられ、不安全極まりないでしょう。また、暴徒化した群衆により放火によって、大火災に発展する可能性も指摘されており、２次的な被害によって命を落とす人たちも多くなるものと考えられます。その他、行政機関のサービスの停止、または低下するため、不安で住みにくい生活環境になることは当然の予想でしょう。

事前に地方や田舎に家を借りるなどして、環境の良いところで自宅籠城し、安心安全な場所で、全力でインフルエンザウイルスと対峙することが良策と言えるかもしれません。疾病疎開は意外と功を奏するかもしれません。

◎家族に感染の疑いが出たらどうするか

冬期の一般の風邪のシーズンと、新型インフルエンザの大流行が重なった場合に、発熱症状があり、体がだるいなど具合悪そうにしている家族がいたら、どうすればいいか判断がつきにくいでしょう。

直接医療機関に駆け込むことは避けた方がベターです。一般の風邪なのに、医療機関で万が一感染してくる可能性があるからです。また、その反対もあり得ます。まず、地域の保健所に電話して、状況を説明して対応を聞きましょう。電話が通じない可能性もありますが、大流行になると、開業している医療機関は混雑し、診療どころではなくなります。

こんな場合は家庭看護、自宅療養の道しかありません。家庭内感染を防止するために家庭内隔離が必要となります。志賀直哉の『流行感冒』に見られるように、あっというまに全員に感染してしまいます。こんな時のために、すでに新型インフルエンザにかかって治った人を求めて世話をさせるのも一つの手です。また、重症化を防ぐための方法を研究しておく必要があります。

◎覆かぶさるように襲うウイルスの恐怖

スペイン風邪は、完全終息までに５年を要しました。１９１７年１月から１９２１年12月までです。初めの２年間に第１波から第３波まで６カ月周期で襲いかかりました。第１波から第２波へはウイルスがさらに強悪に進化してきました。したがって、経験から第１波で貴重な免疫ができたからといって安心できません。さらに強毒化したウイルスに対しての免疫ができていませんので、罹患する可能性が高いのです。

流行する季節は限定がありません。冬であろうと夏であろうと、おかまいなしです。今回の新型インフルエンザの場合は、４波から～５波の来襲が予想されます。完全終息まで最低５年以上かかると思われます。この間、世界の流通は停滞していますので、物不足も深刻で食糧難になる可能性も高いと言われています。ボチボチ準備を始めてみませんか。

◎多くの予言が警告をしてきたこと

かつてノストラダムスの大予言というものがありました。そこには「恐怖の大王がやって来て、人類は滅亡する」とあり、大王の現れる具体的年号は、詳しく書かれていませんが、恐怖の大王とは、新型ウイルスのことを言い当てているのではないかと私は思いました。

古代マヤの予言の聖なる暦「ツオルキン」は、2012年12月22日で暦が終わっています。これは2万6千年周期、惑星地球の歳差運動の周期です。ひと周期の終了が、2012年にあたるこの大変換の時期をいい、この時期に人類へのさまざまな挑戦があると古文書4巻の中に記録されています。

チベット族、ホピ族、ドコン族など、その他の多くの民族は、地球上に奇跡の日が迫っていると予言しています。また大転換のプロセスにおいて、いったん人類は崩壊を迎えるとも伝えています。これらは、たまたまの偶然の一致でしょうか。

新型ウイルスの大流行は、食糧難と経済恐慌のダブルパンチを同時進行させます。ウイルス死と飢餓という組み合わせは、短期間で大量の死者を簡単に作り出すことができます。多くの飢餓者を作り出す日本の農政は、自給率30％そこそこ。戦後の食糧難の厳しいときでも70％の自給率はありましたから、それを考えると大半の死者は飢え死にか、ウイルス死になりそうです。

かろうじて残った人々も、今度は食料不足で辛い思いをし、最終的には人類滅亡というシナリオ通りに進行する可能性は否めません。大田篤著『何のためにあなたは生きているのですか』（K・Kロングセラーズ）には、地球が助かる最良の道は、人類が滅びることと書かれています。地球を残すためには、人類は滅びるしかないというのです。

◎滅びるとは再生すること

滅びるとは、零落することを意味していると信じていいでしょう。つまり、草木の葉が枯れて落ち、新しい芽が吹き出ることを繰り返すことです。私たちの故郷は、惑星地球です。地球全体の一員として猛省し、もっと自覚ある行動をとらなければなりません。

なぜなら、自然環境を整え、多くの生命体と共に共存しなければならないのです。人類生命体、植物生命体、動物生命体、魚類生命体、細菌類生命体と共にです。無限の生命体の存在と、無限のエネルギーが存在していてこそ、惑星地球なのです。人類も『平家物語』の「奢れる人も久しからず」で終わってしまってはなりません。地球再生を誓って新芽になれるように、心を新たにしましょう。

すると、この世紀末現象が楽しみに乗り越えられるかもしれません。こんなすごいショーが体験でき、見られるこの時期に生きているという稀有《けう》の幸運を手にしている私たちは、惑星地球の大環境改善や次元上昇の大事業に、積極的に参加することを通して、輝かしい未来を作り出すことができます。

このような考え方で、私たちの将来の地球への想いの姿勢を大変換すれば、新型ウイルスの到来を大いに歓迎できるのではないでしょうか。恐れるより、歓迎した方が何かが変わるような気がします。もしかしたら、対応の仕方も前向きにできるかもしれません。不安に思い恐れるのではなく、一難去ってやってくる未来のために幸運を祈りましょう。

◎進化したウイルスの脅威

新型ウイルスは、都合の悪い情報（タミフル、Ｈ５Ｎ１型ワクチン）などを排除しながら史上最強のウイルスに進化するために、必要な情報と融合し、刻々着々と恐怖のウイルスになろうとしています。そこにバイオウエポンが重なれば人類が勝てる可能性は低いです。14ヵ国で発生したＨ５Ｎ１鳥インフルエンザ（人も感染）は、エボラ出血熱の情報をすでに吸収進化していても不思議ではありません。さらにＳＡＲＳの情報をも吸収しかねないのです。

こんな史上最強のウイルスが誕生すれば人類はひとたまりもありません。彼らは意思を持ったウイルス生命体だからです。これはまさに動物生命体霊とウイルス生命体霊の逆襲です。しかも逆襲という作戦は、通常奇襲的に行われます。

時期としてはいちばん対処しにくい時を選び、冬季の従来型インフルエンザに紛れて侵攻してくることが想定されます。それに新型インフルエンザウイルスが続きます。中国大陸からの黄砂とともにやって来たウイルスは河川に入り、水道水に侵入したり、あるいはスギ花粉などに付着して飛来することもありますし、農作物に付着して運ばれることもあるでしょう。

私はドイツの超能力者で国家認定者のリロさんとドクターファルクのグループとこれまで共同研究を行ってきました。そのリロさんから頂いた情報を紹介しましょう。これも10年前のことですが、今まさに必要な情報です。

「世界はすでにウイルスの制圧下にある。しかし、まだパンデミックが起きていないのは、彼らが息を潜めて時を待っているからである。もうそれは時間の問題でしかない。時を待っているとは、人間の心がさらに荒《すさ》むのを待っているということだ。つまり、ポラリティー思考が満ちるのを待っているということ。ポラリティーとは、妬み、憎しみ、嫉妬、欺瞞、偽善、悪辣、怒り、不満、不安、恐れ、コンプレックス、金欲、物欲、利己主義など極端な感情や思考で、これらからは超低波動が出る。

人間のポラリティー思考がすでに限界に達しつつあることが太陽情報を狂わせて、大混乱事件が勃発するという情報をお持ちのようだ。この事件をきっかけに、さらに人間のポラリティー思考が深まるという。強毒ウイルスは人間の発するこの低波動が大好きだ。そして強毒ウイルスは人を選別する。これが大きな特性である。

さらに、毒性ウイルスが好む要素が3つある。その第1波、遺伝子組み換えのてが加わったもの。つまり、遺伝子組み換え食品を食べている人は格好な標的にされるという。さらに遺伝子組み換え農作物、同加工品、遺伝子組み換えのエサで育てた家畜、同加工品、遺伝子組み換え原料で作った肥料を使って生産された農作物、同加工品などがそれである。

第2は、前述のポラリティー思考の強い人間を好むのであり、第3は、酸化体質に寄生しやすいということ。これが強毒ウイルスの好みの3要素だが、第1と第2の要素を持つ人は格好の餌食となるという」

◎困難なときこそ人格を磨く最高の機会

私がアートテン農法の普及に努めているのもすべてこのためです。遺伝子組み換えの大豆やナタネカスをアメリカから安く大量に輸入して肥料を作っていた会社にも、強烈な指導をして、それを止めさせたりしました。

次々と覆いかぶさるようにやってくる難題を一つひとつ丁寧にクリアしていけたら、どんなに素晴らしい人生が待っているのだろうか。これからそんな困難な事態が起きようと洗心に努め、心をみだりに動かさない自分を磨き上げなければならないことを強毒ウイルスを通して痛感しています。

困難なときこそ、本心が出ます、人の心を見るには、困難苦難を与えてみるとわかります。困苦のときこそ不平不満を言わず、困っている人や苦しんでいる人々のために施す。これこそ人格を磨く最高の機会と捉えてほしい。そうすれば強毒ウイルスに好かれることはありません。

リロさんの情報の中には、地球の次元昇格の話もありました。地球はまもなく5次元へレベルアップする時期に差しかかっています。このとき、5次元レベル以上の人間しか新次元地球では必要としていないという事実があります。では、自分が何次元か判断できる人はいますか。少なくとも嫌味、意地悪、いじめ、妬み、嫉妬、猜疑心、恨み、呪いなどの卑しい心があれば、3～4次元でしかないことは明白です。いくら社会的地位があっても、お金があっても、心の次元とは関係ありません。すべて魂の成長の問題です。

なにしろ私たちは、この大変な時代を選んで生まれて来たのですから、心をしっかり洗って、一緒に新地球の住民になりましょう。もちろん、再三再四の苦難を乗り越えられたらの話です。

◎神（魂）の決定の根拠

新次元地球の住人になるために私たちは精神レベルを5次元レベルまで上昇させる必要があると言いました。これまでの地球は3次元地球で、苦と忍耐が必要な世界です。けれどすでに精神成長を遂げた高次元者たちもたくさん存在しています。

次元は、人間の精神成長の度合いでランク付けされています。とくに重視されているのは、精神性の面の資質、質の差によってランクが付与されています。資質とは生まれながらにして持っている才能や性質のことです。まず、一般的な3次元レベルの人間の資質を見てみると、

【3次元レベルの資質】

① 頭で考える範囲内のことを重視するタイプ。

② 自己中心的な考え方をし、他からの刺激に反応しやすいタイプ。

【4次元レベルの資質】

① 創造力が豊かで善良な感激家タイプ。

② 人を育てる能力に秀でている。

【5次元レベルの資質】

① 冷静に物事を観察する能力に優れ、人間として優しい人間味のあるタイプ。

② 強く感銘を受けて感動するタイプ。

【6次元レベルの資質】

① 対象となるものを智恵によって正しく見極める能力に優れ、資質的に素直なタイプ。

② 感謝の気持ちを深いところに持ち、飾り気がなく自然体を漂わせて極めて感じの良い

印象を与えるタイプ。

６次元の人たちは、高次元者と３～５次元者のかけはし的存在となりうる。

７次元以上は、高次元レベルと称して特殊能力を発揮しうる情報力を持っている人の世界である。

【７次元レベルの資質】

①ものの見方、考え方が広角的で、直観能力に極めて優れている。

②精進努力タイプで、良好な公平感覚の持ち主。

【８次元レベルの資質】

①将来のことを見通す賢さと、ものごとを鋭く見抜く眼力に秀でている。

②落ち着いた趣《おもむき》を持ち、何ごとにおいても他者を第一に考えるタイプ。

【9次元レベルの資質】

① 危機管理能力に優れており、自己犠牲の精神を優先し、自己の役割をきちんと自覚している。

② 透明な謙虚さを持ち、ゆったりとした雰囲気が漂う聖人タイプ。

【10次元レベルの資質】

① 透徹した理論に基づく使命感を持ち、先見の明と時代の先端を担う秀でた未来予知能力を持っている。

③ 発想が非凡で常に宇宙と一体となる。心の豊かさを持っている。

私たちは自分が今何次元であるかの判断はできませんが、以上の精神性の資質を参考にしてみれば自己判定が可能かもしれません。この際、注意することは、独りよがりの思い込みに陥らないことです。もちろん高次元者に聞くのが早道かもしれません。次元の上昇は一定の時間を必要としませんから、数カ月で1次元アップすることも可能です。ただ、人類全てのことを考えると、次のような問題があります。

①　人間は、遺伝子組み換え技術を開発して、神が創造した地球生命体の生命の秩序を完全に破壊した。
②　人間は、傲慢な姿勢を貫いて地球環境を破壊し、あらゆる生命体を絶滅に追いやった。
③　ＨＡＡＲＰエナジー（気象兵器）を軍事的に開発して、人間の精神を痛ませ、地球をも痛ませている。

神はこれらの神をも恐れぬ人間の悪行について顔をくもらせました。今まで神の創造であるものへの人間の冒瀆について、深い寛容を持って見つめてこられましたが、③のＨＡＡＲＰエナジーによる人間のマインドコントロールには強い懸念を呈したと言います。

その結果、神は今後発生する数々の大混乱に関して救いの手を差し伸べることなく、傍観の姿勢を貫くことを決意されたといいます。つまり、人が死ぬことに関して、すべてを救うような手の差し伸べ方はしないということです。ただ、地球が破壊されると、全宇宙に影響が及ぶので、地球を救うことは決めたようですが、新型鳥インフルエンザなどの強力なウイルスの暗躍には、神は傍観するようです。

そして神は、5次元地球にするために人間を選びたいという意志をお持ちです。ですから皆さんもその期待に応えるべく、早く5次元以上に昇格してください。

◎HAARP ウエポンとは

HAARPウエポンとは、レーガン大統領時代に開発された超低音波使用の電磁波による非殺傷兵器です。現在では世界中で多くの国々がHAARP電磁波発信装置を持っていて、多くの民衆の洗脳のために使用されているといいます。HAARP電磁波と家庭電化製品などから出る電磁波とはまったく質が異なります。

HAARP電磁波の特徴は、周波数が1Hz～20Hzと微弱なパワーの低周波で、これが人間の脳の活動に甚大な影響を与えるのです。たとえばうつ病を発生させるためには、6・6Hzの周波数を連続不断に流せばいいし、暴動や非行を促すためには、10・8Hzの周波数を連続的に発信すればいいのです。この周波数の範囲は私たちの耳では捕捉できません。なぜなら健康な若者が聞こえる音の範囲は20Hzから21kHzまでだからです。

HAARP発信アンテナから発信されたHAARP電磁波は、地球の電離層にぶつかって跳ね返り、地上に到達します。このとき、各個人が所持している携帯電話や電子腕時計や埋め込み式インプラント入れ歯、電子機材などはアンテナの役割を果たします。

こうして日常的に浴びているＨＡＡＲＰ電磁波は、精神障害のほか、健康上のさまざまな問題を発生させています。一例をあげれば、不眠症、花粉症、無呼吸症候群、疲労感、白血病、白内障、癌、アレルギー、喘息など、多くの不定愁訴の原因ともなっているとみられます。新型インフルエンザとＨＡＡＲＰエナジーの組み合わせは、悪の名コンビとなりかねません。

また洗脳という機能も持っているため、悪い輩が増殖し、はびこることにもなります。社会現象として悪党が急増し、誰も収束するすべを持たないため、住民の不安は増すばかりです。

さらにＨＡＡＲＰ電磁波は、地上と電離層間を行ったり来たりするため、電磁波の摩擦が発生し、地球を痛めつけます。これが温暖化の大きな要因ともなっているのです。南極やアラスカ上空の巨大なオゾンホールも、犯人はＨＡＡＲＰ電磁波だという説もありますから、この厄介なものにも対処していく必要があります。

◎遺伝子組み換えとは

遺伝子は35億年かけて育まれてきたものですが、人類はこの20年で簡単に遺伝子を操作して世にも恐ろしいものを次々と作り出し、堂々と世に送り込んできました。

私たちはかつてオランダのヤープ農場で研修する機会を得ましたが、その内容は遺伝子組み換え農作物の人体に対する影響についてでした。まず最初に見せられたのが、クロマグラフィーによってできた農作物などの結晶図形です。このクロマグラフィー試験では、「非遺伝子」と「遺伝子組み換え」の判定がすぐつきます。

非遺伝子の大豆は、綺麗な結晶図形が現れるが、遺伝子組み換えの大豆は、周りが溶けて流れ出したような不気味で恐ろしい図形でした。見ているだけで具合が悪くなる奇妙な代物だったのです。

クロマグラフィーとは、ヨーロッパで昔から用いられている伝統的分析手法で、硝酸銀溶液を含ませた濾紙に、試験物を水酸化ナトリウムで溶かし、その水溶液を濾紙に染み込ませて現れる結晶図形で、さまざまな事柄を判定する科学的手法です。クロマグラフィーはしっかり遺伝子組み換えを見抜いていました。

次に、遺伝子組み換え食品が人体に及ぼす害について講義を受けました。その内容は次の通りです。

①人体のタンパク質合成システムが破壊される。
②人体の消化器系統がうまく働かなくなる。
③魂をつぶす。そうすると体と精神、考えや意識が共鳴しなくなるから大事なことが繋がらなくなってしまう。
④病気の発生まで数年から数十年かかる。

つまり、①のタンパク質合成が、あるべき姿でなくなるという現象がすでに子供たちに現れています。疲れやすい、筋肉の低下、老化、眠くなるなどです。現在の子供たちや青年を見ていても筋肉がない分、脂肪がついているだけですから、幅跳びもできない、組み体操もできない、懸垂もできません。これらは学校の体力測定や運動競技からすべて削除されてしまいました。さらに血液年齢を見ると、10代で35歳のような血液をしている若者が多いという医学的検査結果が出ています。

消化器系統に問題が生じる②については、子供（若者）なのに体臭や口臭が強く、オヤジ臭がします。独特の嫌な匂いが鼻をつき、大人にも多く見られる現象です。

魂にも影響がある③から、話をしても理解できない人が多いです。大人の会話が成り立たず、大人の子供化現象です。精神的不安定を作り出し、うつ的傾向の人が多い。

その他、免疫力が低下し、甲状腺やリンパ系に異常が生じやすくなります。また最近甲状腺が腫れている人を多く見かけるようになってきました。

◎遺伝子組み換えは原爆より怖い

ヤープ博士は講義の最後にこう言われました。

「遺伝子組み換えの手の加わったものは原爆より怖い。なぜなら時間をかけてすべてを破壊尽くすから」

遺伝子組み換え作物で作ったエサで飼育された鶏の卵は悪いものに変化しています。牛肉、豚肉、鶏肉も悪いものに変化している。さらに牛乳もひどいものであるとつけ加えられました。

現在私たちは遺伝子組み換え食品として出回っているものについて、関心を持って選別しているでしょうか。輸入大豆、ナタネ油、トウモロコシ、ポテトなどが遺伝子組み換えの代表格です。国産大豆は国産需要の６〜７％しか生産されていません。それなのにどこのメーカーの味噌、醤油も遺伝子組み換えでない大豆使用と書いてあります。豆腐や納豆も同様です。輸入物の80％以上が遺伝子組み換えであるのに。

非遺伝子や国産を使用すると高くなりますから、あんなに安いものができるはずがありません。今では菓子類、飴類、カレー粉、シチューに至るまで「一部大豆使用」と書かれているように、どんな食品にもそれは潜り込んでいると考えていいでしょう。

ある大きな会社のトウモロコシを購入して、コーンを潰してからの缶詰缶の中に入れ、ミミズを放したら、数分で絶命したことがあってから、同会社のお客様サービスセンターに電話で問い合わせました。

「非遺伝子ですか、遺伝子組み換えですか？」

すると、あわててあちこちの部署に電話を回しますが、なかなか結論が出ず。10分程して出た結論が、「無分別」という回答でした。ということは、どちらかわからないということです。でも結論は初めからわかっています。これは遺伝子組み換えコーン使用だということです。

肥料会社から輸入のナタネ油カスの肥料用原料を送ってもらい実験したことがあります。その中にミミズを入れた途端にミミズは暴れ出し、出血して1分で絶滅しました。同会社も同じ実験をしたら、同じ状況だったと報告が来ました。

同様に、大豆について実験した結果、同じことが起こりました。ミミズは、個体が小さいだけ即効、即死ですが、人間では子供たちの方が大人より早く現れるはずです。

こうして見ると、遺伝子組み換え食品によって人間を弱体化しておき、新型インフルエンザが襲いかかるというシナリオは流石といえます。

政府は、「遺伝子組み換え食品を食べても問題は生じないか?」という問いに対して、「短期間では問題はないが、中長期的にはわからない」と回答しています。

ヨーロッパなどでは遺伝子組み換え食品の輸入を厳しく規制しています。最後に私が思い出したのは、ヤープ博士が言っていた言葉でした。

「日本は遺伝子組み換えの巨大な実験場だ」

コラム２　遺伝子組み換え技術（ＧＭ）を角度を変えて見る

世界食糧不足の時代に、もしかして遺伝子組み換え技術は食料解決の補助手段としてはベターなのかもしれない。数々の問題を指摘されているけれども、食が尽きれば１カ月で餓死する。諸問題があれど、先送りの問題であれば、そのうちにこれを克服する手段が開発されるのではないか。こんなときに一時しのぎでもいいから、ありがたいと思う方が助かるのではあるまいか。問題点が、健康上の問題として発生するのに10～30年かかるのなら、１カ月と比べ、どちらを選択するか、答えは明白である。

ありがたいことにＳＩ技術は、これらの問題点を解決する技術を持ち得た。10年前から研究を始めて、そろそろいける頃だ。世間はＧＭ技術が暴走して、人間の力では止めようがないと思い込んでいるが、いざというときに歯止めとなる技術を開発している。ただし、神の領域を越えて、遺伝子操作をしているのであれば危険である。遺伝子操縦もほどほどにしておかないと、故郷と地球は永久に壊れそうだ。

コラム3　三島由紀夫氏の世界

三島由紀夫氏は、子供の頃からお祖母様の教育で能や歌舞伎や狂言、その他多くの日本文化に接して日本の良き伝統と文化のただならぬ凄さに惚れ込み、さらに日本の歴史的数々の奇跡的な出来事を学ぶ内に、真に日本を愛する自分を作り上げていったのです。

彼が本当に守りたかったのは、素晴らしい日本の歴史と文化と伝統であったことは間違いありません。こんな世界に不二の国を外敵におかさせてはなるまいと必死の思いで自らの命を投げうって訴えたのです。

今思えば、半世紀前の彼の憂いていたことが表面化し、後にも先にも進めない状態になっているところに大ナタを振り下ろしてくれたのが、コロナ禍です。もう一度彼の本当の思いを真剣に捉えてみてはいかがでしょうか。

あんな純心で誠のあるお方が命を賭《と》して訴えたことを、後をあずかる者として、神がコロナを人類社会に遣わしている意味は何なのか、真剣に考えるべきです。私は、人間の恐るべき精神の白痴化が原因であり、社会構造を大きく変えて、真に安心安全に暮せる平和なせにするためであると、強く感じています。

50年前、三島由紀夫氏はすでにこの兆候を掴み、激しく反省を促したのですが、耳を貸す者はなく半世紀が過ぎました。彼は、日本の将来を憂えて、公《おおやけ》のために自分の命を投げ出して、日本国民に働きかけました。彼の檄文に見られるように。
「我々は、戦後の日本が経済的繁栄に現《うつつ》を抜かし、国の大本を忘れ、国民精神を失い、本《もと》を正さずして末に走り、その場しのぎと偽善に陥り、自ら魂の空白状態へ落ち込んでゆくのを見た」。

もう一度、襟を正してみませんか。奇しくも没後50年の今年、「三島由紀夫VS東大全共闘50年目の真実」が、映画化され話題を呼びました。映画鑑賞後、多くの人たちの意見が寄せられています。ある人の投稿を拝見してみると、「期待した以上に面白いドキュメンタリーだった。改めて三島由紀夫は凄い人だったのだなという発見があった。東大全共闘をバカにしたり、見下したりしないで自説を述べ、相手の話を聴き、極力議論をかみ合わせるように務めながら反論している点である。そもそもあの時代、いくら招かれたとは言え、全共闘が千人もいる場所に右翼思想の人間が単身乗り込むなど、並外れた勇気というしかない」。

多くの人に知ってほしい素顔の三島由紀夫氏は、純粋な人間だということです。だから彼は純粋な人が大好きでした。純粋な人を前にすると、顔つきが子供のように無邪気なとても可愛らしく、優しそうな顔をします。私の前で見せた仮面をしていない素顔の三島由紀夫氏の世界を私は決して忘れられません。その三島由紀夫氏から私は直筆の色紙を7枚いただいていますが、それは私の大事な家宝です。

コラム4　素顔の三島由紀夫氏

三島由紀夫氏が殉職してから、50年目の2020年7月6日、本多清さんと再会することとなりました。本多さんは元楯の会の班長を命じられ、側近として三島先生を支えてこられた人で、当時彼は、21歳の若き青年でした。彼との出会いは自衛隊に楯の会の会員として訓練を受けるため体験入隊して来た時からでした。私は、彼らの訓練指導をする助教という立場でした。彼は、三島先生の愛弟子として信頼も厚かったようです。

私が不思議に思っていたのは、なぜ彼が三島由紀夫氏最期の三島先生演出の死の名場面の席にいなかったかということでした。三島先生と共に殉じた森田必勝君は、楯の会の第一班長でした。なぜ第二班長の彼がその場から外されていたのか。

彼が書かれた「３１４の世界」の本を読んで謎が解けました。実は三島先生の死後、その日のうちに奥様から電話があり、本多清さんだけに遺書が届けられました。じつは本多さんは結婚が決まっていました。１年前に三島先生に仲人を頼んでいて、三島先生は、快く引き受けてくださいました。そして遺書には次のように書かれていました。

（前文略）貴兄は、小生が仲人であれば、全てを小生に一任したわけであるから、貴兄を就職と結婚の祝福の道へ導くことも、蹶起《けっき》と死の破滅の道へ導くこともいずれについても文句はない。という決意を披瀝《ひれき》されたのでした。しかし、小生の立場としては、さうは行きません。断じてさうは行きません。一旦仲人を引き受けた以上、貴兄に対すると同様、貴兄の許嫁者《いいなずけ》に対しても、責任を負うたのであるから、許嫁者を裏切って貴兄だけを行動させることは、既に不可能になりました。さうすることは、小生の名を恥かしめることになるでせう。

なるほど、ここにも三島由紀夫氏の心温まる思いやりを感じます。私が、お傍付きで1ヵ月間お世話させていただいていたときも、あらゆる場面で三島先生の心配りや優しさ、そして本当の純真さを私の心と肌でしっかりと感じ取っていましたから、やっぱり三島先生らしいと思いました。

本多清さんは、形・色・数の使い手で有名な方で、『314の世界』の本の中に詳しく書かれています。その彼が、314という数字は彼のラッキーナンバーで、2020年7月6日再会の日も、数字マジックに変えると314となると、摩訶不思議と言っておられました。さらに、三島先生のラッキーナンバーも314だというのです。

ちなみに私のラッキーナンバーは369だそうで、今世紀みろくの世が世界を覆うように、神仏共に行動しているのもこの数字が根拠になっていたのかと、自分自身思いを新たにしました。

第3章
アートテン農業が世界を救う

雨ニモマケズ

宮澤賢治

雨ニモマケズ
風ニモマケズ
雪ニモ夏ノ暑サニモマケヌ
丈夫ナカラダヲモチ
慾ハナク
決シテ瞋ラズ
イツモシヅカニワラッテヰル
一日ニ玄米四合ト
味噌ト少シノ野菜ヲタベ
アラユルコトヲ
ジブンヲカンジョウニ入レズニ
ヨクミキキシワカリ
ソシテワスレズ

ワタシハナリタイ

南無無辺行菩薩
南無上行菩薩
南無多宝如来
南無妙法蓮華経
南無釈迦牟尼仏
南無浄行菩薩
南無安立行菩薩

野原ノ松ノ林ノ蔭ノ
小サナ萓ブキノ小屋ニヰテ
東ニ病気ノコドモアレバ
行ッテ看病シテヤリ
西ニツカレタ母アレバ
行ッテソノ稲ノ束ヲ負ヒ
南ニ死ニサウナ人アレバ
行ッテコハガラナクテモイヽトイヒ
北ニケンクヮヤソショウガアレバ
ツマラナイカラヤメロトイヒ
ヒドリノトキハナミダヲナガシ
サムサノナツハオロオロアルキ
ミンナニデクノボートヨバレ
ホメラレモセズ
クニモサレズ
サウイフモノニ

◎コロナは偵察部隊、次に来る大きな波にどう対処するか

今年、サツマイモを350株ほど植えました。一つのモデルですが、食糧難にいちばんいいのはサツマイモです。しかもアートテンのサツマイモはすごく大きくてまさに非常用です。それをペースト状にして一斗缶に詰めます。これが非常食になります。サツマイモはそんなに肥料もいりませんし、田んぼ後でもできます。サツマイモは種も入りません。芽を切って刺すだけです。栄養素もビタミンもミネラルもあるので、食糧難にはサツマイモがいいのです。しかもどこでも作りやすい。

アートテンの主目的は食糧難のために研究をしてきたのですが、サツマイモなどの野菜は10倍くらいの巨大な大きさになります。平時にそんなものを作ったらみんな腰を痛めてしまいますから、人がマネができないほど美味しいものを作ろうとしてきました。

農協も政府もいざとなったら土地が余っているから畑にすればいいと言っていますが、原野や放置した畑では作物はすぐにはなりません。ところがアートテンでやれば何年放棄していても、素人さんがやっても、50年やっている農家さんに負けないものができます。

つまり誰でもできるのです。それがアートテンが週末農業をやりませんかと呼びかけている根拠になっています。しかも有機を超えた美味しいものができます。

大分でネギを作っているアートテン農家さんがいますが、できたネギが全部大きさが揃った素晴らしいものでした。しかも、どうしても消えなかった残留農薬があっという間に消えました。アートテンはやればすぐ結果が出ます。アートテンが研究してきたのは、素人さんでもすぐにできる農業です。

それで今回「この指とまれ！」といって20〜30人から１００人くらいの人に農業を始めようということを呼びかけています。最初の計画では２０２５年以降の世界的な需要と供給のバランスが崩れたときにやろうとしていましたが、パンデミックの恐れが出てきた今日では、それが早まる可能性があると思い、今回呼びかけています。

通常の農業ではこんな天候が続けば、相当な農薬を撒かないと作物は作れなくなっています。使っている肥料が動物系のものなら虫が増えますし、病気も出ます。今長野で作ってもらっている肥料は草木だけの植物系の肥料です。40年それを作っている会社があり、これまでは完全発酵していなかったので匂いが強かったのですが、アートテン化したところ、その匂いが消えて甘ずっぱい野の果物のようないい香りがしています。この理想的な肥料はパーク肥料といって、虫がよってきません。

陸稲もこれからの食糧難のために始めました。水田後と畑で今年試作しています。水のないアジアで作っているのはこのお米です。水稲は4カ月ですが、陸稲は6カ月かかるのですが、アートテンでやればどのくらいでできるのか、またどのくらい美味しいのか試そうと思っています。

みんなが陸稲をやらないのは収穫量が半分になるからです。それをアートテンでやったらどうなるか。もち米科というのはうるち米に比べて収穫量が半分です。それをアートテンをやると同量になります。そうすると陸稲をやっても同じようになる可能性があるので実験結果が楽しみです。

普通の農業は土壌消毒をした後、雑草をとるために除草剤を撒き、それから農薬をかけます。ですからアレルギーを起こしますが、アートテンの食材はアレルギーを起こしません。これはとんでもない話です。なぜアートテンのものがアレルギーを起こさないかというと、パントエア菌（免疫細胞を活性化させる免疫ビタミンと言われる）が関係していて、アレルギーを抑えるのではないかということで今研究中です。

◎奇跡の農業から始まる食料対策

コロナ禍及び、これからやって来る最強ウイルスの襲来時も、それ以後も、もっとも恐ろしいことは世界的に起きるだろう食料不足です。世界的食糧難についてはすでに10年以上前から言われ出したことで、２０２５年を境として、世界の農業生産力に陰りが見え始めます。

現在、77億人の世界人口が、２０２５年には80億人を突破します。食糧生産力は、気象変動、風水害、農業人口の激減などにより、需要と供給のバランスが限界点を超えるとき、すさまじい食糧難が襲い、以後どんな努力をしても元の生産力を復活することはできません。これを横山和成氏は、『食は国家なり！』（アスキー新書）の中で、帰還不能点と言っています。二度と戻ることのない現実です。

すでに中国は食料不足を予測して国民に贅沢をしないように通達しています。つまり「飲食の浪費行為の断固防止」を国民に指示しているのです。コロナ禍以降において生産や流通が厳しさを増し、いくら騒いでも手に入らない状態になり得ます。日本の農業もすでに衰退期に入っており、農業人口の激減はすごいスピードで進行しています。

長野県の原村は、レタス・セロリの一大生産地で、農業従事者の高齢化に伴い、外国人研修生と称する労働力一本に頼っていましたが、コロナ禍の影響で中国からの研修生もほとんど帰国したため、生産力が激減しています。日本中でこのような現象が起きています。日本人の労働力は、残念ながら期待できないといいます。

1次産業の衰退は国家の危機です。このような国難が、10~20年前から予想されていたにも拘らず、その場その場の利益を追求し続ける経済の中に飲み込まれて、対策対応がなされてきませんでした。たとえ警鐘を鳴らしても、ほとんどの人は耳を貸さず、我が道、我が利益のためにのみ邁進します。自分さえ困らなければ、自分さえ良ければの精神では、10年後、20年後はどうなるでしょうか。

前出の横山氏や、中村靖彦氏『日本の食料が危ない』(岩波新書)など、多くの方が未来への問題点を提起していますが、本気で対応策を考え、具体的に実行している人はいかに少ないか。なにしろ、昨年までの統計を見ると、食べ物の物余り現象で、年間にまだ食べられるのに捨てられている残飯が、1人当たりに換算すると、51kgというすさまじいもったいない現象を作り出していました。日本人は、飽食時代の恵まれた環境を存分に楽しんでいました。こんなときに、食糧難に対する対応の話をするのには少々抵抗がありました。

けれど、私は20年以上前から食糧難時代に備える方法について研究し、その目的達成のために本腰を入れて、現役農家さんの協力を得て実験を繰り返して来ました。また、自衛官時代から年間の研究テーマを決めて、次のような諸問題について研究していました。

1　高齢化社会における老人対策

なかでも医療費等を含む社会保障費の増大による経済破綻、さらに進めば国家破綻になりうる。老後の暮しが地獄化する可能性を含め、高齢者の孤立・孤独、生きがいを失う老人難民の増加、暮しがい、やりがいを保つために考えられることは何か。そして医療崩壊などをテーマとして挙げ、その対策の難しさに苦慮していたことを思い出す。これらは、現在でも国を挙げて頭をしぼるが、未解決のままである。もしかしたら、コロナが一気に解決してくれるかもしれない。コロナに学ぶと何かが出てくるかもしれない。こんなときは、答えを待つしかない。期待してみよう。

2　殺傷力の強いウイルスの襲来対策

百年前のスペイン風邪による世界的被害をもとに、不定期周期で襲って来る未知のウイルス、さらには、かつて世界を襲ったウイルスたちが変異して、毎年季節性の流行性感冒として、多くの日本人を痛めつけ死者を出す。やっかいな流行病も本当はコロナよりも強い敵とみなすことができる。

日本では年間1000万人以上が罹り、関連を含めて数万人が亡くなる。さらに、エボラ出血熱・エイズなど、そして、さらには家畜伝染病と言われるブタコレラや鳥インフルエンザなども研究の対象としてきた。子供たちが罹りやすい、はしか（麻疹）や風疹などの研究も合わせてやってきた。さらに、食中毒の原因を作るノロウイルスやサルモネラ菌、さらには、カンピロバクターなども研究の対象としてきた。その主体は、新型鳥インフルエンザが対象であった。その過程で、SARSやMERS、そしてコロナと、研究対象を広げ、現在に至っている。やればできるの実感を持つに至った。

3　食料不足対策

米の二期作や田んぼ活用の二毛作さらに、荒れ地や遊休地、放棄地など耕作できる土地の活用。本来はこうした土地は、豊饒の耕作地とするには4、5年からその倍かかるが、即使用可能の技術を開発した。

そのほか、現有の田畑の収穫量を1・5～2倍に増やす。さらに野菜など1個の個体を巨大化する。また、農業生産物の生命エネルギーが通常のものと比較すると、4000Bu～6000BU（生命エネルギー量）が、14000BU～21000BUに上昇するので、食事の量を少なくしても通常体力が維持できる。まさに一石三鳥分もある。そのほか、陸穂の研究も今年から全国で始めた。これも充分期待できそうだ。

4　アレルギー対策について

近年子供たちを含む多勢の人々がアレルギー反応を起こし、病気でない病気に悩まされている。これらについても今のところ解決方法は見つかっていない。なんとアレルギー発生食品の多いこと。農産品だけでも50品目近くある。何を食べてもアレル源である。

ひどい人はアレルギーショックを起こし、救急病院直行である。アトピー性皮膚炎・花粉症をはじめ、電磁波過敏症・化学物質過敏症・アレルギー性鼻炎・アレルギー性結膜炎など何でもアレルギーがつく病気が多い。まともに生きていくのが辛い世の中だ。

原因は全て人間が作り出したものによる影響だ。例えば、農薬・除草剤・土壌消毒剤・化学肥料・質の悪い動物系肥料・残飯肥料・遺伝子組み換えを使った肥料、さらにＦ１に潜む謎の毒、そして食品加工に使う食品添加物化学物質など、どこを見ても体に悪いものだらけだ。さらに、もっとも難しい問題の大気汚染も絡んでくる。

これらの問題点を一瞬のうちに解決する方法と技術を作り上げた。アートテン技術で作られた農産品や、加工品などから上記物質が省かれ、アレルギーから身を守るアレルギー解決作品を作り出している。以上、私たちの20年に及ぶ研究内容は、すべて危機的状況から脱する技術の開発にほかならない。私たちがもっとも重視した項目は、①パンデミック対応、②食料難対応、③アレルギー対応であり、今さらに研究開発に着手している項目は、④生活・事業ゴミで、各セクションで簡単に衛生的に処理できる。

空気から世界一美味しい水を作り、各家庭・事務室等にて飲料水として使用する。

また氷久電動モーターによる発電小型モーター機能は、各電化製品に内蔵して電力を補填し、小型化を目指す。

これからは、10世代機能（10Ｇ）まで進化した、ＳＩ技術が使用される。

◎ＳＩ化された農業技術の開発

私が25年前、オランダで発想した未来型農業を日本でさらに開発進展させたのが、アートテン技術を用いた６世代農業です。６世代とは、古代農業から中世・近世・未来農業と６世代にわたって進化した農業技術です。

３世代の近世農業は、化学肥料やＦ１使用の農法が主体でしたが、それを越えて、ＳＩ化された超エリート農業、つまりスペースインテリジェンス技術の活用により、今までの農法をはるかに越えた農業技術を開発し、すでに20年の歳月が流れています。この間、ゆっくりじっくりと研究開発を進め、本番に間に合うように研鑽《けんさん》努力してきたのです。そして、ついに10世代技術が完成しました（ＳＩはＰ49参照）。

現代農業は、自然から遠ざかり過ぎてしまい、収穫量の減少、収穫物の質の低下、収穫食材品の旨さの劣下、さらには、アレルギー農産物の山、そして、Ｆ１嫌いを生み、人々は農産品に対する不信感や疑問を持つに至っています。

ところが、ＳＩ技術を使った農業は〝自然と共に〟を合言葉に、他と比べると不思議なことが多く発生します。ＳＩ技術を使った農業を会員の皆さんは、「ありえへん農法や」とか、「そんなばかな農法（そんなバカなことがある訳がない）」やら、「ほんとかよ」など、さまざまな愛称的な呼び名がついています。

ＳＩ技術は、伝統的な農業技術と現在発生している農業上の問題点を解決するための新しい考え方を融合させ、さらに新しい価値観を取り入れた農業技術になります。それは、危機的状況下においては、ものすごい力を発揮するという思いもよらぬ効果を演出してくれます。その新しい価値観とは、自然が作り出す信頼できる確かさを感じられるものをいいます。

子供たちにお母さんが言いました。「あなたたち、ふだんミニトマトなんか食べないくせに、４人で１箱１kgも食べちゃったの!?」子供「だっておいしいんだもん!!」お母さんにしてみれば、そんなバカなことあるわけがない、が感想でした。

ナス畑でナスをもぎ取り、塩をこすり付けながら手もみして、そのまま丸ごと子供たちに手渡しました。研修に来ていた子供は、おいしいと言って各人１本丸ごと食べてしまいました。また母親が出てきて、「いつもはナス嫌いと言って食べなかったくせに」子供「だって自然に食べれるもん」

さらに、そんなバカなことあるわけがない事例を紹介してみましょう。

1、台風の直撃で、1本の稲も倒れていない。周りの田んぼの稲は完全に横殴りに倒されている。どこの田んぼでも同じ現象が多く見られる。いや見事というほか言いようがない。（全国各地）

2、爆弾低気圧の通過で、リンゴ園のリンゴが1個も落下していない。辺りの農家さんのリンゴ園では落下して、地上がリンゴのジュータン状態。私も、別件の長野のリンゴ農園さんに大型台風直撃の翌日、スタッフを派遣して落下リンゴを全部拾って持って来るように指示して、早朝出張させたが、園主に「残念でした、見た通り1個も落ちていないでしょう」と言われ、せっかく3時間車を飛ばして来たのに……。他農園さんのリンゴ畑と比較して、驚いて帰って来た。せっかくリンゴジュースで新々のミネラル肥料を作ろうと思っていたのに。（青森・長野・茨木）

3、竜巻の直撃を受けたが、すべてのハウスは無事だった。しかし、竜巻の通り道の他農家のハウスはめちゃくちゃで気の毒であった。しかし、まったく被害がないと周りからヤキモチを焼かれるので、一ヶ所少々ビニールがめくれた程度で済んだ。（山梨）

4、大雨で、水路が氾濫して、低地にあった田んぼが稲の穂先まですっぽりと冠水。6日間水が引かずの状態。ようやく水が引いたとき、隣の他農家の田んぼの稲はすべて腰折れ状態で見るも無残であったが、我が田んぼの稲は1本も倒れることなく凛としていたため、その米は普通通りに出荷できた。本来は、水に浸かった米は商品にはならず、発芽して食べられないのが普通である。（静岡）

5、雹《ひょう》（夏に雷を伴って降氷の粒直径5㎜以上）の被害で、周りの農家のサクランボ畑は全滅。大粒の雹にも耐えた我が家のサクランボは色付きも良く、例年通りの収穫に恵まれた。そのサクランボを沖縄に送ったら、宅配便の人が、大丈夫ですかと聞いて来た。何が大丈夫なのかと聞き返すと、サクランボは2～3日しか持たないので、送り先に届く頃はカビが生えて腐り、食べられないという。しかし、アートテンサクランボは冷蔵庫で1カ月ももつ。（山形）

6、山形のサクランボは、遅霜の害により、花が咲いたあとの霜で痛手を被ったが、幸いいつも摘果していた分、今年は摘果する必要がなくなり、すべてはうまくいった。収穫は例年と同じで、甘味が強く、色づきの良い美しいサクランボができた。よその農園は大きな被害が出た。（山形・山梨）

7、豪雪の年、１ｍの積雪でもハウスは潰れない。他の農家さんのハウスは全滅。さらに１週間後、追い打ちをかけるようにさらに１ｍの積雪。前週の雪を除雪していなかったため、２ｍの積雪にようやく一棟のハウスが半分潰れた。これで、焼きもち焼かれずに済んだ。（長野）

8、大型台風の直撃を受けて、周りの農家さんのみかんハウスは、ビニールが飛び散り、見るも無残な姿となる。しかし、我が屋のハウスは全棟とも無事。本当に台風が通ったのかヨと、おじいちゃんが呟いた。（佐賀）

9、台風の被害で、ジャガイモ、玉ネギが大打撃を受けたが、我が畑は無傷。（兵庫）

10、雨が降らず、日照り続きのカボチャ畑。初めてのアートテン農業技術試験のため、1ヘクタールのカボチャ畑を中央から半分に分けて試験区と従来区とした。なんと、試験区の畑は青々として、畑全体がカボチャの葉で覆われ土がまったく見えない。従来区は、葉の繁り具合が4割程度で畑の土が丸見えだった。試験区は、よく見るとカボチャが葉の中に隠れて見える。まるで葉が日焼けを防ぐように、傘になっている。その後、温度を保つため草がぼうぼうに生えて、カボチャが見えなくなった。このとき、畑の主が初めて視察に来て、ワアー今年もだめだと頭を抱えてしまった。まるで、アートテンは雑草農法みたいだと思ったのだ。しかし収穫は例年をはるかに上回った。

さらに、例年の2割は、野ネズミにやられてしまうが、今年は1個も被害に遭っていない。有機農法で作っているカボチャで、通常10日程しか持たないが、アートテンカボチャは1カ月以上腐らず持ちが良い。その差を歴然と見せつけられた農場主やスタッフは、驚いた。（北海道）

11、冷害で、稲の作柄が、例年の40～50％以下だったが、平年並みに収穫があった。隣の田んぼと接しているが、両方の田んぼの土中温度を測定してみると、アートテン田んぼの土中温度は、他の田んぼより約４度高いことがわかる。この年は、日本全体が不作で、外国から米を輸入して凌いだ。（静岡）

12、山の八合目付近にある田んぼは、今までいろいろな人がチャレンジしたが収穫はゼロ。理由は、山の沢水を直接引いているため水温が低すぎたため。しかし、アートテン化した田んぼで、素人のおばさんが初めての稲作チャレンジをしたところ、みごと立派に収穫できた。麓にある貸主のおばちゃんの田んぼより収穫量は多く、羨まれるや、驚かれるで、まるでお祭り騒ぎとなった。通常の田んぼでも、出水口の近くの稲は発育が悪いが、アートテン田んぼは、全面同じ発育が見られる。（兵庫）

13、猛暑と水不足で、例年より収穫が少ない。辺りの農家は、ジャガイモの芋が小粒で、商品価値に相当影響したが、アートテン農家さんは、大型芋が続出。全体の収穫量は例年よりやや少なめであったが、大型の芋に高値が付いたので、経済的には例年通りであった。この年、北海道のジャガイモは不作であったので、菓子業界はポテトチップスなどの商品は品薄となった。記憶にまだ新しいので、承知されている方も多いと思う。（北海道）

14、レンコン畑の圃場《ほじょう》は海のすぐそばにあり、台風が襲来すれば海水は堤防を越えて激しく流れ込む状況の中で、レンコンの葉は瞬く間に枯れてしまった。しかし、1週間後、新芽が出て2週間で元の青々とした圃場に復活した。辺りの農家さんの圃場はそのまま全滅。アートテンレンコンは、もちろん収穫量は平年並みであった。もしかしたら、海水のミネラル分で特別美味しかったかもしれない。（佐賀）

15、福島は3・11の影響で、100㎞圏内の他の農家さんの農作物からは、放射能が検出されたが、同一地区のアートテン農家さんの出荷農作物からは1件も放射能が検出されなかった。80㎞～50㎞圏内でも同じ現象を確認している。（福島）

16、地震の地割れが、アートテン領域を避けて通るという不思議が発生。アートテン領域の手前数mの地点から直角に折れて20m横ずれして、また直角的に地割れが続く。これは私もこの目ではっきり見たが、確かな現象だった。（福岡）

17、昔、シジミやホタルがいた地域に、シジミやホタルが帰って来る。畑に引いている堰《せき》に、シジミが涌いた。アートテン内の川にホタルが帰って来た。自然が蘇る懐かしい風景が見られる。トンボも多く見られるようになる。さらに、田んぼにはクモが一杯いて、イナゴやカメムシなどの害虫から稲を守っている。（兵庫）

18、新潟一まずい米処で、新潟一おいしい米ができた。そこは新潟でもまずい米しか穫れないという有名な地区である。父親の後を継いで、新米のお嬢さんが奮起した。なんと、米の国際品評会で2年連続銀賞を受賞。塩だけのおにぎりをいただいたことがあるが、おかずは何もいらない、ただうまかった。（新潟）

19、アートテンそばは、アレルギーを起こさない。そばアレルギーは、他の食物アレルギーと比較してみると、わりと重い症状が出ることが報告されている。食後の喘息発作・

鼻アレルギー・蕁麻疹など、アナフィラキシーショックを誘発する危機性があるというのだ。トマトアレルギーは、口にすると皮膚にかゆみが出たり、赤くなったりする。リンゴアレルギーも呼吸困難を起こしたり、顔が赤くなったりする。このように、たくさんの種類の果物や野菜そして穀物類などにも及んでいる。

ソバを食べたいけど無理と思っている人には朗報。このソバをダルマの高橋さんに打ってもらったことがある。仕上がりが早く、色艶の良さに驚いていた。食べたら天下一品の旨さ。北大路魯山人が生きていたら、これぞ本物と褒めてくれたかもしれない。彼は、素材の良いものを好む人だった。（長野）

20、大分のつるちゃんネギの大農家さんは、どんなことをしても残留農薬「0」にすることが叶わなかった。アートテン技術を導入して間もなく、農薬検査に出した結果に驚いた。２０１０項目の残留農薬検査でも残留農薬は検出されなかったが、永年の懸案であった残留農薬ゼロを達成したのである。さらに、硝酸態窒素成分の測定をして、これもびっくり。どんなに頑張っても５００を切ることはできなかったが、ついに１００を切ってゼロに一歩近づいた。通常は１０００～３０００あるのが普通である。猛毒と言わ

れている硝酸態窒素がこの数字では困る。（大分）

21、地元裾野名産の大和芋生産農家さんはすでにアートテン歴15年のベテラン。ある年、初めて日照りの年で、雨の量が極端に少なく、今年はだめだと思っていたのが、なんと大物の大和芋がゴロゴロ。この年は全生産農家が地元農協に毎年納める量の半分を、この農家さんが占めたと大喜びであった。他の農家さんは、小粒で商品にならないため、出荷できなかったという。このアートテンの大和芋は、1個すりおろしたそのかたまりは、箸で持ち上がるほどネバリが強く、すりおろしたまま10日間置いても黒くならず、真っ白のまま水分が蒸発して固くなる。いくら食べても口の周りがかゆくならない。

まだまだ「本当？」という事例がたくさんありますが、スペースインテリジェンス技術による農業について、少々ご理解いただけたかと思います。これだけの事例を見てもおわかりのように、天候気象の変化にも確実に対応して生産量を維持できることは、20年の経験と実績から自信をもって言えることです。

「本当の真理とは、実証されてこそ真理なり」

真理というからには、実証されることが基本で、それが宇宙や大自然の当然の答えだからです。アートテンやスペースインテリジェンスは、自然の中にさらに大宇宙の大自然を重ね合わせるので、私たち人間の考えも摑むことが起きます。

ある人が、これを「ドラえもん農法だね」と言いました。ドラえもんのポケットのように、次から次へと不思議なものが出てくるからだというのです。

コラム5　SI技術の進化と興味津々な出来事

10年前のお話です。オランダのワイナリーに行った時のこと。今年のワインができましたと、ワイナリーの勉強会に参加していた研修者（50名）に試飲が始まりました。一口目のワインを全員一斉に口にしたとき、ウマイの声が全員から上がった。次の瞬間、私はイタズラを思いたち、二口目のワインをまずくしました。会場全体にまずくなる情報を流したのです。ほぼ全員が二口目のワインを飲んだその時、本当にまずそうに顔をしかめました。私も飲みましたが渋くて、やや苦味がありました。いたずらのお詫びに、ワイン蔵のワインをすべて世界一美味しいワインに熟成するように、エネルギーを入れて来ました。ワイナリーのご主人は、私の言うことを信じてくれて、次の年に伺った時に、出来栄えの良さに満足されて、ワインを2本お土産にくださいました。

SI技術が10世代（10G）になったとき、山梨から1升1800円のワインを購入して実験してみました。熟成10年もの、同50年もの、100年ものと試飲した人たちは驚いていました。やはり熟成期間の長い方がさすがにうまかったのです。世界一美味しい赤ワインを作り出すことも可能です。

次に、ウイスキーにチャレンジしてみました。日本では、株式会社キリングループが、熟成30年物のウイスキーを２００万円で売り出しました。ウイスキー通にしてみれば、それは年代もので、それだけの価値はあるのです。そこで、キリンシーグラムのエンブレム（今はプレミアムが付いてなかなか手に入りにくい）を購入してきて実験を始めました。エンブレムをＳＩ技術によって30年ものに熟成させたものをまず最初に作りました。

ウイスキー通の彼は、「やはりうまい！」と言いました。そこで、１００年熟成にしてみると、30年ものと全然違うと言いました。さらに、２００年、３００年と試飲してもらうと、年代物の方がうますぎると言いました。ついに、５００年ものを出しましたら、生でグイグイ飲んでしまいました。私は、ウイスキーを生で大丈夫ですかと、つい心配になって尋ねると、「うますぎや、いくらでもいけるよ」と、ご満悦でした。

次に中国から50年物の茅台酒《まおたいしゅ》を販売している会社の社長さんの一行が、おいでになってお話を聞きました。なんと、50年物の茅台酒が、中国の富裕層の間で４００万円で飛ぶように売れているというお話でした。なるほど参考になると思い、高級な茅台酒を買い求めて実験することにしました。茅台酒に関して、ちょっとうるさい方の女性に味見を頼みました。50年物、100年物、200年物、さすがに50年物はうまいということですが、年代ものはさらにうますぎるのです。茅台酒は、アルコール度数50度ですので飲んだ瞬間、喉から食道が焼き付いたようになるのが特徴ですが、50年ものはさすがにまろやかで、そのような現象は起こりません。しかし、100年、200年物は、ただものではないうま味と癖になる香りで、通をうならせてしまいました。

SIのような宇宙情報の世界は、時間も、距離も、速度も、極端にいうと空間まで、存在していない世界です。ですから、時空を超えて瞬時に100年~500年とひとっ飛びにできるのです。つまり時空超えです。地球上の時間では相当待たされますが、SIの世界は、瞬間移動が普通です。だから遠隔地に対する情報の移動も瞬時に行うことができるのです。また宇宙の果てまで情報を送ることも可能です。スペースインテリジェンスの世界は、まだまだ無限の可能性を秘めています。

◎食料対策とパンデミック対策は同時進行

食料対策とパンデミック対策は、同時進行の可能性を基に研究しました。パンデミックの状況を想定してみると、家庭避難つまり、自宅籠城を強いられるとしたら、食料の生産・流通が止まる可能性が高いと予想しなくてはなりません。世界の農作物の生産がストップし、飛行機・船も運航停止の状態となり、世界は一挙に食糧難に陥り、まったく手に入らないことも考えられます。

それが短期間の予想を裏切られて長期にわたるようなことになったら、自家生産するしかありません。それこそ自給自足ということです。かつて、キューバ危機のとき、キューバには輸入品がいっさい入って来なくなり、カストロ首相の命令により国民総民農生活を実施して、ついに食料難を克服したという話は有名な事実です。肥料も手作りで国全体が自給自足態勢をとり、国民が互いに支え合い、協力し合って、飢え死にする人もなく頑張り通したことは、つい半世紀前のこととして記憶に新しいと思います。

さらに、ソ連崩壊のときにも、国民は食料難に直面しました。しかし、一部の人々を除いて、飢えで困っている人はいませんでした。その5年前のチェルノブイリ事故の教訓から、人々は自前の土地で農業を始め自給態勢をとっていたのです。サラリーマンも老夫婦も皆、畑を持ち自家生産態勢が出来上がっていました。サラリーマンは、週末農業をやり、細々でも食料確保の策をとっていました。お蔭で一般国民は飢えることはありませんでした。

しかし、お金持ちはお金にものを言わせれば、簡単に食料が手に入ると確信していましたので、ものがないときはお金はただの紙くずにしかならず、食料を買うことはできませんでした。当時のテレビ映像を観ていると、豪華な毛皮のコートを着込んだ夫人が売り物のないスーパーの前に列をなしている光景は、身につまされました。備えあれば憂いなしの論より証拠の世界を垣間見せられた思いでした。

とりあえず自宅の中かベランダ、庭先などで、臨時に作れるミニ農法はプランタ農法がベターです。ほぼ一年中プランタ栽培できる野菜を選んで、あらかじめ種を購入しておくことから始めましょう。

こんな危機的状況のときは、一年中種まきができるうえに生長が早く、収穫までが短期間なのを選べばいいのです。ラディッシュ・ほうれん草・春菊・ミニにんじん・小松菜・

水菜、ベランダやキッチンなどでも手軽にできて楽しめます。食料を備蓄していても、やはり生野菜は取りにくいため、こうした自前のミニ農園で栽培するのも一つの手です。あとは、乾燥野菜を準備しておくと良いでしょう。台所や部屋でプランタ農園をやる場合は、光合成の役目があるアートテンの太陽波形カードを使用すると、太陽の直射光なしに生産が可能です。

◎どんなときに食糧難はやってくるか

①世界全体の食料の生産力が低下して、各国が輸出しなくなったとき。多くの国が輸出を控えるようになりました。まもなくそれがやって来そうです。

②新型鳥インフルエンザなどの強毒性のあるウイルスによるパンデミックの発生です。どなたも怖くて外出をためらい、長期家庭内待機を自ら強制的に実行する過程において起きる食料が尽きる現象です。食べるものがなくなると、人間は1カ月で餓死します。

パンデミックでもっとも恐ろしいのは、食が尽きて餓死することです。この餓死の不安と恐怖に苛《さいな》まれると、さらに死期が早まります。

③次は、国が経済破綻したときです。例えば、老人医療費の増大による全体の社会保障費等が100兆円をはるかに超える状態が続けば、行く末は財政破綻、つまり国家破綻です。国にお金がなくなると輸入ができなくなり、即、食料不足が起こります。今の日本は、いつ財政破綻を起こしても不思議ではない状態にあることを心得ておくべきです。

④外国勢力による、経済制裁や、経済封鎖を受けた場合、どこかの国のように国民は飢えて、病死者が増え、国内状況は、目も当てられない程に惨憺たるものになります。

⑤世界が同時に天変地異に遭い、または大気象変動により世界的不作になった場合、もちろん国内でも大不作にみまわれ食料供給がストップしたとき。

以上は、100年に一度あるかないかの事態と思われるでしょうが、これからは、数年に1回あることと考えておかねばなりません。思いつくまま、列挙しましたが、もっとも可能性の高いパターンは、①~③です。

例えば、コロナ禍の時代で近々起こりうるパターンは、②でしょう。もし万が一に、今年の暮れから来春まで、脅威のウイルスがパンデミックを起こした場合、即外出禁止及び自宅籠城となり、その期間は3~4カ月となります。すると、食料の供給・流通がストップする状況が発生します。各人各家庭は、備えが不十分な場合、多くの人々が、餓死に直面することとなります。

◎食糧難対策を考える

日本は、戦後でも飢えに苦しんだ人々は少なかったと記憶しています。まるで、インパール作戦の二の舞と考えると背筋が寒くなります(兵站尽きて戦わずして負ける)。備え万全で4~5カ月分の食料・飲料水をしっかり蓄えている場合は、不安が少なくてすみます。しかし、甘く見て1カ月分程度の備蓄量だとしたら、あとの2~3カ月をどう乗り越えるのでしょうか。また、まったく備えていない人々は初めから論外です。蟻とキリギリスのお話のようになりかねません。では、多くの方々が備え不十分で、自宅籠城戦半ばで、食料が尽きそうになった場合の対策はあるでしょうか。

その方法をいくつかあげてみましょう。

その1は、チリ鉱山33人生存の奇跡で有名になった彼らの行動について研究する必要があります。彼らは17日間地下700mの穴の中に閉じ込められていましたが、奇跡的に全員無事に生存が確認されました。そこには、たった1日分の予備食料しかなく、これを33人で食いつないだのです。

どうやって成功したのか。口にできるのは、3日に一人当たり缶詰ツナ2匙、クラッカー2分の1枚、ミルク2分の1カップ。徹底した食料分配管理が見事に功を奏しました。リーダーの卓越したリーダーシップによると世間の人々は称えました。絶食行を行ったと思えばいいという人もいます。この方法がいざというときに参考になるかもしれません。

その2は、不食という考え方です。人は食べなくても生きられます。世界には、不食人間もかなりいると聞きます。もしかして自分も困ったときにはやれるかもと思いませんか。

一か八かの作戦を実行してみる価値はありそうです。不食体験が書かれた書籍が、いくつか出版されているので、この機会に一読をおすすめしたい。生死を分ける基礎知識になるかもしれません。『不食という生き方』（秋山佳胤　幻冬舎）には、コツは、食べない生活に体を慣らすことだそうで、「最初から完全に食べないことを目標にするのではなく、毎日ちょっとずつ食べる量を減らした結果、いつの間にか食べなくてもいいようになった」とあります。

その3は、今日本でも流行り出した、昆虫食ブームです。2013年に国連食糧農業機関（FAO）が、次のような文書を公開しました。世界的な人口増加に伴い、遠からず深刻な食糧難の問題が訪れるが、昆虫食にはこの問題の解決の糸口となる可能性も見出されていると述べられています。

最近、頻繁にテレビなどでも紹介されるようになった昆虫食は、人類史の観点から見ても、決して珍しい食文化ではない。世界で食される昆虫は2000種類と言われています。人類を支えて来た各国の昆虫食を今のうちに研究し、食べ慣れしていた方がよさそうです。

東南アジアを旅行して気づくことは、日常的に昆虫が人間の食糧として取り扱われていることです。カンボジアを例にとってみると、カンボジアの昆虫食の歴史は、それほど古くはありません。今から50年程前、カンボジアを独裁支配したポル・ポト政権下、死者２００～３００万人とも言われる内戦が続きました。食糧難も深刻化し、さらに、多くの人が死んでいく中において、貴重なたんぱく源として食べられたのが昆虫でした。このときの昆虫食文化が根づいているのか、プノンペンの屋台市場などに行くと、観光客の皆さんも食べられます。今や、高級レストランでもコオロギなどの昆虫料理を楽しめます。

最近、日本でもお馴染みになりつつある昆虫食ブームは、日本に到来する食糧難時代を先読みした結果ではないかと思うこともあります。未来予測の観点からすると、とても良い傾向にあると認めたいのです。

私たち日本人も、イナゴやハチの子などを食していたわけで、お馴染みといえばお馴染みですので、いざというときはいけるかもしれません。とても無理という人は目をつぶって、鼻をつまんで一気に飲み込んでしまう手があります。

実際に、世界各国では、昆虫を食料とみなす動きが盛んになっています。ただし、毒性などの衛生面が確認されているものに限ります。日本も昆虫食の先進国と言われるようになるかもしれません。

世界では、約20億人の人々が昆虫を食べていると言われています。日常的に食べられている昆虫は、カブトムシ・イモムシ・アリ・ハチ・バッタ・イナゴ・シロアリ・トンボなど、じつに多種多様です。昆虫食は決して下手物《げてもの》ではなくて、栄養価も充分あり、非常時の食料として、考えておく必要がかなりありそうです。

その4は、野山に視点を移すと、食材として、捕獲された野生の鳥獣に目がいきます。つまりジビエです。最近は狩猟された鳥獣肉を食べる習慣がブームともなっていて、ジビエ料理はテレビにもよく登場しています。

私も若い頃、野生のイノシシの肉が豚肉よりもうまいことを知ってしまってからは、秋はイノシシ鍋を食べによく出掛けたものです。シカやキジや野ウサギやクマやカモなどは、鍋料理として、ジビエ料理を出してくれるお店では一般的かもしれません。私もキジ鍋や、シカ鍋は食したことがあります。キジ鍋は、鶏よりもはるかにうま味の出汁が出ておいしいのです。

農家さんが、野生動物の被害で頭を悩めているこの時代、ジビエ食は、農家さんにとって朗報かもしれません。食糧難時代を見据えて野生動物が増えているのかもしれません。

しかし、食糧難だからといって食べ尽くさないようにしなければなりません。すぐに絶滅危機になる可能性があるからです。ジビエ食で注意することは、生食は避けること。感染症や肝炎、寄生虫のリスクがあり、大変危険です。焼く・鍋にするなど、しっかりと火を通すことです。私を含め下手物嫌いな人が多いと思うので、次手を考えました。

その５は、雑草食です。昭和天皇が雑草という植物はないと待従をいさめた話は有名ですが、野草食と言い換えましょう。野草食とは一般的ではありませんが、食料難時代は工夫すればかなり利用できる価値があります。なんとこの地球には、高等植物と言われるものが約20万～25万種類も存在しています。

私は、25年前になりますが、漢方健康博士なる資格をとって薬草研究会を立ち上げ、毎月一般の人々を対象に、勉強会を野外でやっていました。山野草には、山菜も含まれます。さらに、水辺の草などを含めると、お馴染みのものが多く見つかります。畑に出る草などにも注目する必要があります。アートテン技術を導入した畑の草は、他の物と比べると、食べやすさが全然違います。

例えば、ヨモギを摘んで試食してみると、通常は苦くて渋くてエグくて繊維が強く、一口噛んだだけで、吐き出してしまいます。山野草は、子孫を残そうとするので、食べられまいとして生存のための工夫があちこちに見うけられます。トゲがあったりするのもそのためです。山菜なども水出しをして、苦みやえぐみを取り除かないと食べにくいものが多いです。野草食を考えるとき、ワラビやフキ、竹の子などのように、水出しをしてアクを抜いて食べるやり方が一般的です。

日本には、野草を食膳に上げる習慣はあまりないと思いますが、東南アジアでは、普通食として扱われている地域もあります。山野草を取り扱うときに、とくに注意することは、有毒植物による食中毒です。食べられる野草の見分け方はネットでも紹介されていますので、参考にしましょう。

大分県のつるちゃんネギを栽培している弦本君は、ハウス畑に雑草が生えて困るというので、「良いことを教えよう。その雑草を食糧不足の救世主にするのだ。よいか理解したか」と、まるで急に私が神の言葉を代弁しているかのような口調となりました。幸いその場に美食料理人の菅恵美子さんもいたので、「お2人で大分発野草農法研究会を立ち上げて、食糧難対策のメイン施策にするようういろいろと考案しなさい」と命令口調でその場で説得し、諒解を得ました。

早速次の日には、井上祐宏氏のブログで紹介されました。奇跡の野草革命！食糧危機から人類を救うのは野草だ。アートテン野草農法研究会が早速発足となり、記念講演会が行われました。

山野草の食べ方は、①茹でてお浸し②油炒め③天ぷら④漬物⑤塩漬けして保存食⑥チャーハンの具になど、通常の野菜と同じ使い方ができます。私は、畑の周りに、フキや独活《ウド》やワラビを植えてあるので、食材の代用品としては、申し分ありません。フキがびっしり繁茂すると、ふだんの除草対策にもなります。

コラム6　和食が日本人の身体を守っている

日本人が、コロナに罹る確率は、諸外国と比べても比較的少ないと言われています。死亡率においても同様です。麻生財務大臣も日本人は、何かが、どこかが違うと言っていますが、実は、次のことが考えられます。

他国の人々に比べて、日本人の摂取量がダントツに多いのが、カツオ節。カツオ節には、体内で作れない必須アミノ酸が全て含まれています。人体に必要な必須アミノ酸は、体内で合成することができない極めて貴重な栄養素です。鰹節には、9種類の必須アミノ酸が含まれています。つまり、体内では絶対に作り出せない必要不可欠なアミノ酸です。だから貴重なのです。

これが日本人の先祖からの知恵です。これらのアミノ酸は、自然免疫を作るのに大いに役立つ栄養素です。とくに鰹節に含まれるナイアシンが有効成分で、他の食品に比べて含有量が極めて高いです。アミノ酸とナイアシン（脂肪の酸化を防ぐ働きがある）が、日本人をコロナから守っていることは間違いない事実です。

日本人でも和食やカツオ節にご縁のない人は、コロナに罹りやすい特質があるようです。世界では、ペラグラという非常に奇妙な皮膚病が見られますが、これも日本人には極めて少ないのです。これは、カツオ節効果ではないかと研究を進めている優秀な教授（十文字学園女子大学　健康栄養学科　徳野裕子準教授）がいます。伝統和食文化が廃れようとしている現代日本社会は、パンデミックに首尾よく勝てるのか心配です。カツオ節の味噌汁・お吸い物など、何にでも使って、先人の知恵でコロナから我身を守りましょう。これが絶対的推薦和食です。

コラム7　抗酸化力が自然免疫を高める

自然免疫は、対コロナにおいても重要な役割を果たしています。自然免疫は、さまざまな病原菌を「パターン認識」して、抗ウイルス物質を誘導し、生体の防御力効果を発揮させて、抗ウイルス状態に導く力を持っています。人間にとって対ウイルス生命機能は、最も重要な機能です（京大ウイルス・再生医科学研　宮沢孝幸准教授）。自然免疫を高めるには、抗酸化力をつけることが求められます。つまり、健康維持を考える上でもっとも重要になるのが免疫力の維持です（同志社大生命科学部　市川寛教授）。抗酸化力を高め、自然免疫力を維持するのにポリフェノールが有効です。ポリフェノールとは、ほとんど植物に存在する苦味や色素の成分で抗酸化作用が強く、活性酸素などの有害物質を無害な物質に変える作用があります。ポリフェノールは、比較的短時間で作用しますが、長期間効果が維持しないので、毎日こまめな摂取が必要です。

コーヒー豆から作られるホワイトエンジェルコーヒーは、ポリフェノール「クロロゲン酸」がコーヒーの４５００倍もあり、自然免疫強化には、極めて優れています。さらに、センシンレン（ハーブ系野草）にも同様の作用が認められています。ポリフェノールは、直接的には体内で発生する「活性酸素」を抑制し、ガンや動脈硬化・心筋梗塞など、生活習慣病の予防に効果があるとされています。

◎宇宙人的食生活

さらに考えられるのは宇宙人的食生活です。今から10年前、宇宙人に連れられて、サモンコール連合と名のつく宇宙人集団と交流を持たれた藤原由浩さんという老翁と再会できました。約15年振りでしたので、サモンコールのお話をさらに絞ってお聞きしたのが、彼らの食生活についてでした。

藤原さんは、地球人ですので、地球に合わせて接待してくれたそうですが、彼らが出してくれた食べ物は、地球上の言葉では表現できないうまさであったとのこと。そのお話を聞いてから考えたのが、アートテン技術を使った農業で、藤原さんが食べた宇宙食に近いものが作れないか実験を繰り返して、ついにそのうまさに近いものを作ることに成功しました。藤原さんに送って食べてもらったら、このうまさはそっくりだよとご満悦でした。

おそらく、このような不思議な力は、サモンコールの宇宙人の皆様のご支援の賜物と思い、感謝をしています。アートテン技術を使った農業生産物は、平時（物余りの時代）においては、量よりも質に重点がおかれていましたので、一番ナチュラルな舌をもっている子供たちに喜んでもらうことを主眼に、うますぎる食材の生産に努力を集中して来た結果、本当にうまいものができています。

もっとも、宇宙人は食べることを極力しないということでした。たまに、カプセルを1粒口にするだけで生命力は高く、命は1000年〜数千年に及ぶというのです。つまり、彼らの生命維持に必要な要素は、宇宙食と言われる宇宙の大元素及び微量元素を摂取しているということになります。

つまり、彼らの体内には、膨大な宇宙元素の中から生命活動に必要な元素を吸収して、人間世界でいうタンパク質を合成する器官があり、宇宙人体を作り上げているのです。宇宙人の宇宙食が、私たちの目に見えない宇宙空間に遍満する元素群を基本としていることに驚きます。やはり、文明がはるかに進んでいるといっていいでしょう。

同じような現象は、私たち地球の中でも起きています。自然界の植物を例にとってみればわかります。植物は、何を素にして生命活動をし、これを維持しているのか。人間と違って物を食することはない。彼らもまた宇宙人同様、大気中の元素と微量栄養素といわれる微量元素を素にしています。では、これらの元素をどのような作業過程で生長の力にし、長命になるのか。じつは、植物の根には窒素固定菌という優れたバクテリアが存在していて、彼らが土中及び大気中の元素つまり窒素（N）と炭素（C）、そしてリンやマグネシウム・亜鉛などの微量元素を取り込んで、これを生命情報化し、タンパク質を合成してアミノ酸を作り出し、あらゆる必要ホルモンなどを副次的に生産して植物体を形成しているのです。

自然界の植物の生命力の強さは、物を食べる人間に比べて、比較にならない強さを備えていて、物によっては、５００年～数千年生き続けています。やはりこれは、物を食べないことで老いがなく、病気になりにくいため、長命であると思われます。

従って人類も植物に倣った栄養素の取り方をすれば、病気せず、長命となり、経験豊富な人生の中で多くの発明や研究が継続的に行うことができます。その結果、大きな成果と共に、宇宙人に匹敵するほどに文明を進化させることができるのではないでしょうか。

畑で作る作物もじつは野生の植物と同一のシステムからできています。彼らも決して肥料を摂って生長するわけではありません。肥料は、あくまで窒素固定菌のエサになる微生物を養うためのものです。畑の野菜も、窒素固定菌の量がしっかりしている場合は、生命力が強いので病気にかかりにくくなるし、勢いがまるで違います。窒素と炭素と微量元素の量については、植物によって多少の違いがありますが、すべて大自然の植物は黄金比によって決まっています。

私たち人類が宇宙食を摂るためには、腸内に生命情報科学用窒素固定菌を大量に繁殖させ、小腸を通して、必要な元素を摂取し、タンパク質を合成し、アミノ酸を作り出して、各種ビタミンやミネラルを生産することにより、人体維持のためのエネルギーが湧き出します。私は、この生命情報科学用窒素固定菌の研究を、サモンコールの宇宙人の皆さんからの宇宙情報（ＳＩ）によって、10年前からある程度の過程まで進めてきました。病気をしなければ、医療費の削減に大いに貢献することになるので、いつしか本気で決めの段階へ進めたいと考えています。

この手も今後、地球規模で食料が枯渇するような事態になれば、必須のこととして必要不可欠となります。つまり、不食人間を無意識のうちに作り出すということになるでしょう。人類はいつしか宇宙人的生活レベルに達する必要があるときが来れば、絶対に避けて通れないことです。

人類の進化と共に、宇宙食レベルへと進化した場合、食料の確保が不要となり、さらに燃料たるエネルギーも大宇宙の大元素群から抽出した元素の超科学的融合により、無尽蔵に取得できるようになれば、地球上から争いごともなくなります。戦争は、常に食料とエネルギーの奪い合いから生ずるものだからです。このようにして、次から次へと手段を準備していれば、万が一にも食料が枯渇した場合でも、かなりの余裕を持って対応できます。しかし、重ねて申し上げますが、現段階においては、食料の完全備蓄が最良の案であることは間違いありません。考えられるあらゆる方法を準備して、来たるときに使うようにすれば、備えのあるなしが生死を分けるという言葉が余裕をもって聞こえてくるでしょう。

◎将来に向けての食料安全保障対策

現代健康研究所では、近い将来に到来するであろう地球規模での食料不足に対し、ＳＩ化された最先端の宇宙科学技術を駆使し、こうした危機的な緊急事態に対応したいと考えてきました。

現在国内における食料受給率は30％と言われて、輸入に頼っているのが現状です。もし、その輸入が制限されたり、国内生産も振るわない状況が発生したら大変です。私たちは原則的に自給自足を促すため国民農業（民農）をスタートさせます。具体的対策は次のようになります。

1. 国内の遊休地、放棄地、転作地など現在遊んでいる元農地を再開墾して生産力の高い耕作地を確保する。

2. 農業従事経験のない素人農家に対する緊急農業生産のための指導者を養成する（2025年までに2万人以上講習受講者の中から選定する）。

3. 苗や種子の具体的確保の要領を検討し、問題点を案出する。

4. 稲作（水田）の2期作の準備と、二毛作の検討を進める。二毛作とは稲作の後に別の野菜を植える。（御殿場地方では豊閑期に水かけ菜を栽培している）

5. 元水田用地に陸稲の栽培を検討し、試験栽培を進める。

6. 食料不足時の有効な食料確保に、サツマイモの生産が必要不可欠である。サツマイモ類の栽培要領について、普及方法の研究を始める。

7. 現役農家に対してアートテンを普及し収穫力をつける。

8. 政府との調整を進めて、大規模ハウスによる生産態勢を確立し、緊急事態に成果を発揮する態勢をとる。（現在新潟の大型ハウスで、ミニトマト生産が本格的に行われている）

9．過疎地や人口減少村などを対象に緊急対応システムを構成して、危機に対応する村を作る。平時においてはアレルギーの起きない安心安全なもの作りで成果を上げ、若者に感銘を与え参加者を募る。

◎アレルギー対策の必要性

国民病とまでいわれるアレルギー疾患は、３人に一人が発症している状況において、ノンアレルギーの農作物や各種食材を生産してアレルギー源を断ち、同疾患の根絶に寄与します。現在アートテン食材は93％のアレルギー対応が可能となっていますが、１００％を目指し研究を続行します。具体的対策は以下になります。

1．残留農薬をゼロに目指す。
2．残留放射能物質をゼロに（自然の放射の範囲　1ベクトル以下に）。
3．残留硝酸態窒素を極小に（通常は２０００～６０００ＰＰＭある）。
4．残留除草剤（ラウンドアップ）などあらゆる化学物質や医療用抗生物質の検出をゼロに。

5. 遺伝子組換作物の人工毒性をゼロに。

6. ビタミンCが豊富で抗酸化力の高い食物繊維の多い食材の生産。

7. 微量元素（ミネラル）の豊かな食材の生産。

8. 未消化タンパク質をゼロに（要研究）。

9. 生命エネルギーの高い食材の生産。

10. 腸もれ現象の研究（腸もれ現象がアレルギーの引き金になる）

11. ソマチットやパントエア菌との関連についてさらなる研究。

◎本物のうまさを追求

本当においしいものを食べたことのない人が少なくないなか、本物のうまさについて伝え育てる必要性があります。幸福度は、おいしいものを食べないと向上しないを合言葉に、さらにおいしいものを食べ続けなければ、本当のうまさはわかりません。そこで、うまいものをうまいと伝えることが大事です。

1. うま味成分を分析して表で示す。
2. 東大の関谷ドクターが発案している食味検査検定を行って、本当のうまさの味を自覚してもらいつつ、舌先の味覚を鍛えてもらう。
3. スーパーなどで、うまいもの専門コーナーを設けて、意識改革から始める。
4. うまいものと普通のものとを食べ比べる試食会などを開催して理解を深める。

◎機能性を有する農産品の開発

医療費を含めて福祉関連など社会保障費が年間１００兆円を超える時代は異常な事態であり、ゆくゆくは国家の経済破綻を招き即食糧難を加速させてしまうことになり得ます。医療費の削減が緊急の課題だと思います。

そこで効果的で機能性を有する食材の開発と医食同源思想の啓蒙を図っていきたいと思います。

1. 傷ついたヒトゲノムを修正する。
2. 癌の予防と改善に寄与する。
3. 硝酸態窒素を少なくして、細胞を保護し、傷ついた細胞を蘇らせる。
4. 肺炎死亡者を減少させるためのプロジェクトを立ち上げる（肺炎による死亡率が世界的にトップになりつつある）。
5. ＤＮＡに直接働きかけて、健康体をつくる。
6. ホワイトエンジェルコーヒーのポリフェノールの抗酸化力を研究して、ミトコンドリアの活性を図る

◎地球環境の改善

地球環境の破壊が進み、これが不帰点（２０２５年を想定）を通過しつつある状況において、地球環境を保全しなければ、人類の生存も危ぶまれる状況にあります。

環境破壊現象により、生物の多様性は失われ、自然災害は大規模かつ頻度を増しています。さらなる緊急事態が発生する可能性を考慮して対策を取らなければなりません。

1．劣化した土地の機能を回復させる（連作障害の対応）。
2．枯れた土地を耕作地として再生させる。
3．除草剤、農薬類の軽減および無害化する。
4．農業用ゴミを適切に処理する。
5．家畜糞尿を有益な肥料へ転換させる。または有機物減容装置によるセラミック化。

こうした食糧難時代に対して、ＳＩ（アートテン）が主導してできることは何か。最後にまとめてみたいと思います。

1．民農者（ほぼ未経験者）をまとめ適切なアドバイスができる農業指導者の養成。
2．普通種などの種子、苗の確保・保存、Ｆ１種の無毒化。
3．民農体制の確立（自給自足）。
4．従来の農家に対する増産指導と人手の調整と支援。
5．ＳＩ化された肥料の生産と確保。

6. 人口減少村（過疎化地域）に緊急時の食料増産基地をつくる（平時においては安心安全な農産品を作り、またノンアレルギー食材の生産基地として世界的な脚光を浴びさせる）。

7. 大型ハウス群の建設（大量生産基地の確保）。

8. 海外協力生産基地の確保。
インドネシアを含む東南アジア友好国からの緊急輸入。
極東地域の農業開発に協力してともに分配し、食料を確保。

9. 鳥獣の捕獲と処理態勢の確保（緊急時の動物タンパク質の確保）。

10. 不食考。

第4章 コロナ対策日記

あわて床屋

北原白秋作詞・山田耕筰作曲

春は　早《はよ》うから　川辺の葦《あし》に
蟹《かに》が　店出し　床屋《とこや》で　ござる
チョッキン　チョッキン　チョッキンナ

小蟹《こがに》　ぶつぶつ　石鹼《シャボン》を　とかし
おやじ　自慢《じまん》で　鋏《はさみ》を　鳴らす
チョッキン　チョッキン　チョッキンナ

そこへ　兎《うさぎ》が　お客に　ござる
どうぞ　いそいで　髪《かみ》刈って　おくれ
チョッキン　チョッキン　チョッキンナ

兎ァ　気がせく　蟹ァ　あわてるし
早く早くと　客ァ　つめこむし
チョッキン　チョッキン　チョッキンナ

じゃまなお耳は　ぴょこぴょこするし
そこであわてて　チョンと切り落とす
チョッキン　チョッキン　チョッキンナ

兎ァ　おこるし　蟹ァ　恥《はじ》ヨ　かくし
しかた　なくなく　穴《あな》へと　逃《に》げる
チョッキン　チョッキン　チョッキンナ

しかた　なくなく　穴へと　逃げる
チョッキン　チョッキン　チョッキンナ

私は2020年1月末、新型コロナでいよいよパンデミックが起きるのではないかと予想し、現代健康研究所に来所される方々が閲覧できるよう、3月からは日々思うことを書き記していました。いわばコロナ日記です。

その頃は、第一段がすごい勢いで拡大する危険を感じていて、おそらくそれは第2段、第3段と続き、4月にはヨーロッパで拡大したように第5段階まで進むのではないかと予想していました。

結果的に、我が国では第1波のままで落ち着きましたが、夏になると重篤者はそれほど多くはないものの感染者はまた増えていきました。さらに冬になればスーパーバグと呼ばれるものが発生しないとも限りません。そうなることをあらかじめ予測し、準備を怠らないようにしています。それが危機管理というものです。

2020・3・21

コロナウイルス、油断禁物です

社会に大旋風を巻き起こしている新型コロナウイルス肺炎、日本人は油断していませんか。まだまだ危機意識が高揚しない日本人は不思議な人種に思えてなりません。日本人の平和ボケと自由ボケには、付ける薬がありません。

かつて、１００年前にスペイン風邪と呼ばれるパンデミックが発生し、地球上で４０００万人以上の命が奪われました。60年前には、アジア風邪が流行し、１５０万人が死亡するという不幸が席巻し恐怖の坩堝《るつぼ》と化しました。私たちの記憶にあるのは、18年前のＳＡＲＳと、８年前のＭＥＲＳですが、これらはあまり大事に至らずの記憶があります。

令和の時代は、未知のウイルスが大暴れする時代でもあるのです。地球上最強のウィルス新型鳥インフルエンザウイルスが出番を待っています。これは、世界の人口の３分の２が罹患し、致死率60％以上と予想されています。生還しても、後遺症による苦しみが残ると言われています。

こう考えると、今回の新型コロナウイルス肺炎は前哨戦といえます。つまり、本番を前にしてたいしたことがないというわけですが、世界中の人々の驚きは半端ではありません。今欧州を襲っているコロナは、新型コロナが第５段階まで進化したウイルスであり、その強さはそれこそ半端ではありません。

中国は、コロナに勝ったと勝利を宣言していますが、あれは、第1波にほかならず、1～3カ月後には、第2波が最強になって出現してきます。スペイン風邪の第2派は、第1波のあと4～5カ月後出現し、第3波は、その2～3カ月後でした。昔の交通手段も限られていた時代ですらこのスピードですから、現代の交通網の発達した社会では、これらの半分のスピードで出現してくる可能性があります。

日本も欧州も第2波～第4波までの波状攻撃を受ける可能性があります。これは、過去の歴史が物語っていることです。歴史は繰り返すといいますものネ。

収束後は、流行性の季節型インフルエンザとして残ることでしょう。香港型のインフルエンザも、ソ連型のインフルエンザも同じ道程を歩んで来ました。今後の見通しは楽観視してはいけません。最悪の状態を想定して対応することが必要です。

2020・3・27

最新のコロナ情報における個人対応

いよいよ、日本もコロナウイルスのレベルが2段階へと進化しはじめます。

それは、3月28日頃から徐々にはじまり、4月中旬以降になると爆発的に表面化し、日本全国がパニックに陥ります。このときにどのくらい基礎感染が起きているかが問題になります。2週間の休校の後、すでに気が緩んでしまい、都心に遊びに出かける若者が増えているとの報道を目にすると、危機意識のない日本人気質が目につきます。感染拡大はこうした気の緩みから起こることを十分承知してもらいたい。

いざというときに、自分たちに手立てはあるのか、首都圏封鎖に備えてどうすればよいのか、真剣に考える必要があります。コロナウイルス感染者に似た体調不良や症状が出た場合、不安はつのるばかりです。少々のことは初期症状では自宅療養を勧められ、医療機関にはかかれませんが、もし、万が一本物のコロナウイルスに感染していたら大変なことになります。

また、コロナ感染でなくとも、同じかそれに酷似している症状が長く続く場合も、心配は尽きません。保健所に連絡しても良い返事がもらえない、自宅隔離をすすめられるなど、思うようにことが進みません。これが、全国同時にパニックが発生したときに起きる現象です。こんなときにあわてず、騒がず、頼りになるのが現研パワーです。次の症例を参考にして、落ち着いて処理（行動）してください。

例1．68歳男性　沼津市（3・25）

昨日より38℃の熱あり　食事はとれないでいますが、寝ていても熱が下がりません。コロナも心配です。（遠隔希望回数2回）

遠隔をありがとうございました。おかげ様で元気になりました。まだ熱が少々ありますので2回目お願いします。（3・26）

例2．54歳女性と15歳男性　東京（3・25）

2人ともイギリスから帰国　54歳女性は、熱なし、咳あり、寒気、だるさあり遠隔できるだけ早くお願いします。

例3．48歳女性　オランダ在住（3・25）

3月12日から熱が出始めました。3月24日11時ごろからだるくなり、37・1〜37・7℃の熱が出て、夕方5時半まで休み、18時〜20時はなんとか家族と過ごしましたが、21時頃からまた発熱したので、ベッドで休みました。

咳がひどく、水状の鼻水のようなたんが出ることが多いです。

第1例の方は、インフルエンザBでした。第2例の方々は、コロナ感染はありませんでしたが、別のウイルスに感染していました。第3の例の方は、コロナウイルスに感染していました。彼女は、オランダのコロナ感染地帯に住んでいるそうです。

以上3例の方々は、遠隔コロナ対策で簡単に事が解決しました。

2020・4・1

自己免疫を高めるしかない

コロナウイルスは極めてやっかいだし、長期化する可能性が大であり、人間の科学的処方では太刀打ちできないしろものです。機会があれば、誰でも罹ります。

癌と同様、このウイルスは、2人に一人の割合でかかるかもしれません（日本は2500万人かかると予測している専門家もいます）。皆さん、まずは罹らないようにすることです。かかって症状が重篤になると、死ぬほど辛いです。

このための方法は免疫力の強化しかありません。医学的にも科学的効果が期待できず対症療法に頼らざるを得ません。防ぐには未だに手洗い、マスク、うがいといった古典的な方法しか指示されていません。今後、猛威をふるって襲いかかるコロナウイルスに対抗するためには、自己免疫を最高度に高めることしか防ぐ方法はないのです。

さらに、万が一にも風邪に似た症状が出たときは、現研の遠隔にて対応してください。神察によって正否が判明します。運悪く罹患した場合も、早い段階ほど正常にもどりやすいです。症状を含め2~3日で解決できます。私たちは、20年間の細菌、ウイルスの研究にて、解決方法を手に入れました。多くの仲間の力になれると確信しています。

再度申し上げます。コロナウイルスに罹らないことです。そのためには、政府の指示を遵守して、常識的行動を判断しながら生活することも大切です。ただ、感染拡大により部分的都市封鎖が実施されることも予想されますので、機敏に雰囲気を察知して、当分の間郊外に疎開できる態勢を準備しておくのもいいかもしれません。2~3週間から1カ月程度、身動きができないと別の病気になりかねません。たとえばコロナうつです。絶対にかからないようにしましょう。

2020・4・8

あまりにも危機意識のなさに唖然

ついに、国難突破のための緊急事態宣言を発出した。その数週間前に、全国の学校の休校を決めて、国民に危機意識をもたせようとしたが、失敗に終わった。若者たちは、自由ぼけ状態にあるので正しい行動をとれない。休み明けも気が緩んでいるのであろうか。元々気を引き締めてなどいない。大勢の人が都心を闊歩するという行動に、政府も唖然とした思いであっただろうと想像がつく。

これは、戦後の平和憲法のもとで、国家の一大事がかつて起きたことがないためであろうことは誰の目にもわかることだ。この機に至って、世界を巻き込んだ目に見えない殺人ウイルスの驚異に、日本国民もようやく震え上がりつつあるようにみえる。しかし、まだまだ本物の危機意識になっていない。コロナウイルスの驚異の本番はこれからで、中国、ヨーロッパ並みの事態はまもなくやって来る。しかしこれは、第1波にすぎない。6月に入っていったん収まるだろうが、第2波が1～3カ月の間を置いて襲い掛かって来る。第

2波の惨状は目を覆いたくなるものになるだろう。

神のお遣いであるコロナウイルスであるとするならば、日本人の精神の覚醒を強要するため、厳しい環境下におき反省を狙っているように見えなくもない。世界中の世のシステムが、人類の至福を目的した生き方から遠く離れて来ていることへの警鐘と受け止める必要が生じている。つまり、この機会に壊れいくもの、苦戦をしいられるもの、廃業の憂き目に遭ったものなどなどは、大いに考え直す必要がある。令和の時代は、世のシステム、人の心のありようなど、見直しの時代で、今までの流れに慣れて来た私たちにとっては、極めて厳しい時代である。

人は利他の愛にあふれなければならない。自分勝手で自分や自分の家族さえよければばいいという個人主義、利己的考えは通用しなくなる時代である。希望に満ちた至福の時代を迎えられるまで、神は目に見えないものを使って幾度となく人類を試練に立たせるであろう。

生命体は、私たち人間だけではありません。多くの生命体と共にこの地球で生存しているからこそ、自分だけよければという考えは、捨て去らなければならない。でなければ人間どもへの他生命体の逆襲は永遠に続くでしょうし、その結果、人間はどんなことをしても勝てないということがわかるでしょう。

2020・4・9

コロナウイルスは天の恵

神が操作するコロナウイルスは、本当に極めてありがたい天の恵だと思ってみたらどうだろうか。こんな恐ろしいものをどうしてそう思えるのか、と疑問に思う人も多いと思うが、実は世界の状況から、すでに神の力でないともう世の中はどうにも動かないようになっているというのが、神と繋がっている聖人たちの意見だ。

古来、エジプトではピラミッド文明の奴隷制度の時代に、モーゼが重労働にあえぐ民たちを救い出そうとするとき、神が動いて恐ろしい殺人ウイルスを発生させ、街はその殺人ウイルスの煙りのような流れにより、各家が次々に襲われていく様子を映画のシーンから再現してみよう。

いくら扉に鍵をかけて封印しても、煙の流れは狙い定めたように執拗に家の中に入り込み、一瞬にして人々をのみこんでいく。守られた家と人々は、扉に羊の鮮血であるおまじない文字を書いた家だけで、そこだけは魔物が素通りしていくという映像に安堵感が漂い、ほっとひと息つけるシーンがあった。この場面の記憶は鮮明だ。守られる人々は、守られるのだと確信が持てた瞬間でもあった。どうしてこういう差が生じるのか、摩訶不思議とも思いながら。

助け合い、協力し合って、思いやりのある素直な人々は、神の目に叶っているのだろうか。もしそうなら今からでも遅くない、反省と懺悔《ざんげ》によって、赦しを乞うことこそ神の信頼を得ることとなろう。

面白い発想がある。神の目に叶っている人々は、濃いオレンジ色の布の魔力を使えることを私は、SARSのときから知っていた。これを身につけていると、前述したエジプトのようなシーンが再現されるのだ。神の目に叶っているかどうかが決め手です。

さらにすごいものがある。本物のお味噌にカマンベールチーズを入れて5～10年漬けて発酵させたものには強力な免疫力が発生し、コロナもたじたじ。さらに、あるミニトマトには強力な情報が入っているので、強い味方になってくれること請け合いです。

しかし、いずれも利他の心と愛をもって人様を助け思いやる心の持主でなければ、何の効き目も発揮しない。とくにコロナに関しては、対ウイルス呪文というものは、すごい結果がでる。ウイルス系のヘルペスやリンゴ病や麻疹（ハシカ）、風疹、おたふくかぜ　水疱瘡、ロタウイルス、ノロウイルス、ＭＲＳＡ、マイコプラズマなどの感染症すべてに、連動性の高い呪文が存在する。

子供の罹るこれらのウイルス系の病は、子供心の素直さが効き目を良くするし、大人でも誠実で素直で、他に対する思いやりのある人は効きが良いのは、私の30年の経験から言えることだ。

この世や、あの世、さらに宇宙は、目にみえない世界が99・9％である。私たちの現実の世界は０・１％にすぎない。なのに、この０・１％にすがりついて、99・9％の世界を完全否定して、知ろうともしない世相のありようは間違っている。だから、コロナに右往左往してまごつくのである。私たちは、20年以上前から99・９％の世界の存在と、その働きについて本気で研究して来た結果、細菌・ウイルスのたくさんの情報を知ることとなった。

ノロウイルスは月に何件か食中毒を起こすウイルスで有名で、病院においても院内感染で話題になるウイルスである。そして、０・１％の世界の現実では治すことができない。これはロタウイルスもしかり、ＭＥＲＳしかりである。これらは命取りになる確率が少ないから、まだ油断しているが、これらもある日、別のウイルスと合体して、突然変異を起し、強毒化しないとも限らない。

皆さんもコロナウイルスの襲来を機会に、もっと99・9％の世界を探索してみてはいかがでしょうか。きっと不思議で、かつ有意義であろうことは、約束できます。21世紀は未知のウイルスとの戦いの世紀です。しかも、この研究は本番の10～20年前からしないと間に合いません。

2020・4・16

神の御心を知る

「神界に意《おも》いありて作らせた菌であるから、人民の改心なくウィルスを押えつけるだけの今のやり方では、なかなか終息いたさぬぞ」

4月の小長谷様の神示から、ありがたいお言葉を賜わった。新型コロナウイルスによる世界立替えの大節《おおふし》であるとも申されている。

アインシュタインは奇しくも言った。

「何も知りたいと思わないが、神の御心（ご意志）を知りたい」と。

このコロナ現象で苦戦している個人、企業、政治の姿勢など、ありとあらゆる事象が、正義と正しい秩序に合致しているかどうかが問われているのであり、他人事では決してない。そして個人は生き方が問われていると言ってもよい。にも拘らず、多くの人はどんな生き方やどんな運営の仕方を神界が望まれているのかを考えないで、ただ右往左往している。

神意に叶う基本は、他への思いやりである。個人も企業も政治も、自分たちさえ良ければという自己欲を廃棄して、利他の心あふれる懐の深い行いをもって、これを律してこそ心豊かな社会が実現する。これぞ神界が望む龍宮社会であり、その至福の境地を全員で目指し、互いに支え合って次の地点を目指そう。こんな世界が生まれたら、人類はこれぞ地球の全生命体から信頼される存在となりうるであろう。「万物の霊長」とは、このことを指していることは肝に銘じておかねばなるまい。

コロナ対策として、世界の数多い音楽の中で数曲しかない音楽の一つがあり。それは、作詞・北原白秋　作曲・山田耕筰の「あわて床屋」である。この詩曲をなぜかコロナさんは、あまりお好きではない様子。６番までありますが、１番の繰り返しでもＯＫ。どうも効果のヒントは、チョッキン　チョッキン　チョッキンナーにあるようだ。チョッキンとは、極めて稀《まれ》なる世の善良な治め方という意味だ。ということは、神の御心にピッタンコではないか。善良な皆さんは、利他の心をもっている人である。心配するな、安心しなさい。あなた方は、きっと守り通されますヨと、とても嬉しい神意の知らせにチョッキンにサンキューです。

2020・4・17

外食から自宅食に

厚生省のクラスター対策班のメンバーである北海道大学教授の西浦博氏は、コロナで何にも対策を講じない場合、日本人42万人が死亡するとの試算を昨日正式に発表した。しかし、クラスターの発生予防などのため、外出自粛を今まで通りのペースで行うとすると約6分の1程度となり、死者は7万人程度になりうるのである。この数字は、1月下旬の段階で予測した数字とピシャリと合致する。

自由の身に慣れている日本人は、急に室内に留まれと言われても、すんなりと行動に移せないのが実情のようだ。米からの情報によると、外出規制は２０２２年まで続くと予測しているようで、こんな事態になれば日本人は耐えられないと思う。なぜなら、今まで自由が過ぎて危機意識をまったく感じたことのない生活が70年も続いたためである。甘えの構造がストレスとパニックを起こし、家庭内暴力あり、コロナ離婚あり、というのは当然であろう。偽りでない本物同士のご夫婦、ご家庭ならそんなことは発生しない。支え合い、協力し合って乗り切れることだろう。

外食中心の食文化も警告を鳴らされている。世に、ニートや引きこもりが多いのも、また、うつやアレルギーが多いのも、食文化の変化の成せる重大な誤りから来ていることはなんとなく多くの人が気づいている。家食を中心としていた時代には、引きこもりやニート、いじめや家庭内暴力など聞いたことがない。食文化を中心に、世の乱を直すコロナを遣わした神意に、敬意を表したい。

今、さまざまな問題が起きているのは、家食文化から来る一家団欒が作り出す人間本来の心の暖かさが欠落していたからではないか。手作りの美味しいものを食べる、それを母親が作ればそれは母の味であり、大量の精神安定剤を含んでいる。これが成長期の子供さんには大切である。

私は3品~5品料理こそが子供の脳を育て、精神衛生的な生き方をする人間を育てると思っている。仕事の質は、食で決まるという本があるが、まさにその通りで、食に投資しないで、食をないがしろにして、正常な人間を育てられるか、と厳しい考えをもっている。手を抜けば、反動も大きい。幼少から、思春期までの子供たちの食のよしあしは、彼らが大人になったときに脳への栄養が不十分となり、犯罪に走る人が多いとも言われている。

インドネシアでも、貧困の差が激しく子供たちの食も不十分なため、脳への影響を心配し、実業家のサリムさんは子供たちの脳を救うために日本から乳業技術を導入して、多くの子供たちに牛乳を無償で与えている。日本も戦後の食糧難の時に、子供ながらに覚えていることは、米からの援助で脱脂粉乳のミルクを毎日200cc学校給食でいただいていたことである。そのお陰でまともに育ち、まともな大人に成長したように思える。その年代の人々は、企業戦士としてバブルを作り、国を豊かにした。そして世界の経済大国第2位まで押し上げた。

発達障害のお子さんをお持ちのあるお母さんが、お子さんに美味しい安全な食事を種類の多い副食と共に提供してみた。その結果はどんな薬よりも、どんなサプリよりも効果は絶大であったと話すそのお母さんに頼もしさを感じた。コロナの神様から教えられた本来あるべき姿の一つが、外食から家食への変更だと思われますが、いかがですか。

2020・5・7

怒りのひと言　ふたこと　みこと

記憶をたどると、ダイヤモンド・プリンセス号横浜寄港の2月3日から、東京の屋形舟での集団感染騒ぎとなって、コロナの本格的日本上陸が確認できて以来、3カ月にわたり岩手県はコロナ無感染県を継続中である。増田知事も、特別何をしているわけでもないのに、真に不思議な現象が現れていると首を傾げるばかり。

日本での感染は、すでに46都道府県に広がり、世界は186カ国に広がっている（5月7日現在）。感染がまだ確認されていない国は、太平洋などの島々の小国のひと桁のみで、地球中コロナに埋め尽くされている。いわゆるパンデミックである。医学が発達し科学で解明できないものは何もないと豪語している学者や専門家の皆さん、そして微生物研究者の方々、本当に真剣に死にもの狂いで研究して来たのですか。今回のコロナは、やはり想定外でしたでしょうか。言うに事欠いたときのセリフが必ず「想定外」で、それですましてしまう悪いクセがある。

食材や食べ物がどんどん悪くなり、抵抗力や免疫力が低下している人類、さらにワクチン製造は後追い的処方に過ぎない。国民の生命や健康や暮らしを守れない政府は、国にあらずと大声で批判したい。国民は何のために税金を払っているのか、このためではないのか。

さらに、第2波・第3波と、数カ月～1、2年以内に襲って来るであろう強毒ウイルス、そして経済活動の遅滞による経済的打撃、さらには、コロナショックによる世界的食糧不足の発生、これに自然災害が重くのしかかってきたなら、もはや想定外ですましていられない。日本には、危機管理に強い指揮官は必ずいるはず。でなければ未曾有《みぞう》の被害に遭うことは間違いない。過激にものを言っているが、我々人類の知恵とはこんなものかとガッカリしているからだ。ウイルス対策に携わっている専門家や学者諸君に、激励の意味で、厳しい意見を言うときだと思うからこそ、批判めいたことを言わざるを得ないのです。もっと責任感をもって研究し、シャッキとしてほしい！

２０２０・５・８

岩手の方言には言霊が生きている

岩手県の健闘ぶりは、世界でも注目すべきことだと私は思います。それを都会人は不思議に思わないでしょうか。３・11のときは、みんなで助け合おうといって、絆、キズナ、きずな、とテレビでも持て囃して日本人ってすごいなぁーと思いきや、コロナでは「来るな、来るな」と、人間関係を崩してしまいそうな言動に嫌になりませんか。自然災害より怖いコロナ災害は別物なんですね。

ところで、岩手県がなぜ未だに感染者がいないか、その理由を知りたくありませんか。こんな時節だからこその耳寄りな話です。岩手県には県の中央に神聖なる霊山が悠然と聳《そび》え立っています。早池峰山《はやちねさん》です。早池峰山の神霊は天橋立の真名井さんと親子関係にあり、大きな働きをしています。瀬織津姫命《せおりつひめのみこと》が関わっている神山です。

岩手県は日本でも地層が一番古く、日本列島が沈没しても、岩手県は沈没をまぬがれると言われています。その北上山地の中央に位置している早池峰山は岩が多く、昔から霊山として信仰の対象でした。なぜなら、日本列島で日の出が山から見られるのはここが一番早いのです。この早池峰山は昔から岩手の人々に、いざというときのために大事な言葉を教え、普及させていました。これが、岩手独特の方言です。

遠野物語に出てくる方言などで有名な語り部さんのお話は、通訳が必要なほど、ちんぷんかんぷんです。「むがす　むがす　あったずもなす」から始まって「どんとはれ」で終わる昔話ですが、共通語に慣れている人には、これって本当に日本語なのと思うほど不思議な世界を体験することになります。

じつは、この方言がすごい力を発揮しているのです。ただものではなく、この世のものでもないぐらい貴重なものです。つまり、神聖なる霊山の早池峰さんから神授された言霊《ことだま》なのです。言霊とは言葉に霊が宿っていて、言霊を使った言葉には現実に出来事を引き起こす力があると、大野靖志氏は語っています。万葉集に収載されているいくつかの歌の中に、「言霊の幸《さき》はふ国」という記述があちこちに見られますが、日本はまさに言霊《ことだま》の国なのです。岩手の方言の数ある中において、ある十数種の方言こそが、この言霊に当たりま
す。

私も高校を出るまで岩手の人でしたので、記憶に残っていて、時々なつかしく思い起し

ては発声しています。言霊の幸はふ岩手の方言の中から、コロナ旋風を鎮める方言を紹介しましょう。それは、〝おしょす・せずね・ほいど・せっこき・こえじゃ・せわすな・かぜろ・むじえ・ごんぼ・ほでね・おでんせ〟の11です。

これを、最初から最後まで通して唱えると、まるで念仏の様に聞こえるから不思議です。全然意味がわかりません。しかし念仏だと思えばいいし、呪文《じゅもん》にも聞こえます。

一昔前、早池峰の神霊は、とても素直な岩手の人々を疫病から護るため、言霊を神授しました。さらに岩手の内陸地方には、無形民俗文化財に指定されている岩手ならではの民俗芸能があります。それは、遠野地方の獅子踊り、花巻地方の鹿踊り、さらには北上地方の鬼剣舞などです。これらも方言と合わせて、神霊からの贈り物で、昔から悪霊を祓う行事として県民に親しまれて来ました。県民を悪霊や、魔物から護るという民俗芸能ってすごいのです。

さて、前記した言霊方言について、その意味について詳細を見てみましょう。

「しょす」の意味は、はずかしい

「せずね」の意味は、うるさい

「ほいど」の意味は、いやしい
「せっこき」の意味は、なまけもの
「こえじゃ」の意味は、恐ろしい又は、つらい・つかれた
「せわす」の意味は、うるさい・しつこい
「かぜろ」の意味は、仲間に入れて
「むじえ」の意味は、気の毒・可哀そう・哀れ
「ごんぼ」の意味は、だだをこねる・泣き虫
「ほんでね」の意味は、訳がわからない
「おでんせ」の意味は、いらっしゃいませ

これら11の方言すべての神意は、「神界へのご招待」という意志が表現されています。つまり、早池峰さんの神霊から神授された岩手の方言は言霊となって、大切な生命体である微生物群などの細菌・ウイルスの御心《みこころ》を丁寧に神界へとご招待申し上げる、つまり、成神《じょうしん》という言葉《ことのは》が、岩手の方言なのです。岩手の十数個の方言は言霊となって発せられ、すべてのコロナの御心《みこころ》を天界神界へと導いているのです。それは、「ありがたきかな、神

から授かった言霊ありて、岩手あり」で、十数個の言霊方言がすべて同じ意味をもっています。

『とても素晴らしい路《みち》があり、行く先は、すべての生命体が理想としている神界で、最大の至福が得られます。さあ、コロナウイルスの生命体のみなさん、岩手のこの地から天界にある神界へとご招待いたします。美しい天女たちが、あなた方をお迎えに来ています。どうぞご案内します。神界を目指しましょう。とても素適な旅をお約束します。』

まるで宮沢賢二の銀河鉄道のお話にそっくりではありませんか。

私たちの体や地球は、微生物で構成されていると言っても不思議ではない世界です。私たちの御心、つまり魂は、生きている間に輪廻を終えて、神の御下において神の創造の能《はたらき》をする力になっていくことこそ、すべての生命体が至福を伴う宇宙創造の大目的です。これは、多くの生命体の皆さんが希望する歩みたいコースです。早池峰山のお力は、コロナの御心に最大の敬意を払いつつ、丁寧にご案内し、ご招待するという、この世の、いや宇宙での最高の方法でコロナさんをお迎えしています。この姿勢こそ、コロナと接する最高の方法だと思います。

鳥取県も砂丘にあれだけの観光客が押し寄せてもなお陽性感染者は現在でも３人です。

徳島は5人です。いずれも健闘していますよね。鳥取県には大山が、徳島県には剣山があり、隣接する島根・香川も恩恵を受けているかのように少ないですネ。もちろん、岩手の隣の秋田もですけれど。これらの山々は、いずれも霊山と呼ばれています。注意したいのはこれらの山々に近年登山客が多く、神聖なる山を汚しています。これは、忌々しきことです。みなさん、霊山と言われる山は眺めながら、その恩恵を受けましょうよ。

早池峰さんも登山ブームにより登山客の増加に伴い、あまりにも汚れたので、2018年8月30日の台風10号の影響によって、はき清められました。この台風は、観測史上初めて岩手に上陸（三陸海岸を北上中、急にほぼ90度に方向変換）し、早池峰山を目指して荒れ狂いきれいさっぱりと祓い清めを行いました。台風のお蔭で、霊力を取り戻して、一息ついたときに、コロナ上陸という惨事にみまわれているさなかでも、岩手県は見事なまでに「零」、ゼロいや「0」つまり「零《れい》」の状態を保ったままです。私はただの岩手出身者で、岩手の広報大使ではありませんよ。でも郷里を愛しています。

2020・5・13

細菌という未知の世界

地球上には、人類の病原となるウイルス細菌類が３万を超えて存在している。これらすべての微生物は意識や意志をもっていることはあまり知られていない。つまり、地球上に存在している生命体はすべて意識体を構成している。さらに、彼らの一生において任務を終了した暁には、最高のレベルの後世の待遇を期待している。それは、成神という神界レベルの世界への昇格だ。私たち人間の体を例にとってみると、腸内細菌と言われる菌群の数は、２００兆〜３００兆個生存しているようだ。

微生物博士の平井孝志先生は「生きモノとして微生物と向き合うことが大切だ」とおっしゃっています。我々の日常の生活において、発酵の力になってくれているのも微生物、我々の体を構成している最小単位ともいえる微生物体のおかげで、人間として生命活動を営むことができているからだ。その種類や数たるや、天文学的数字というよりも全天の星の数より多いかもしれない。人間にやどり、生命活動のもとを作ってくれている微生物群にも、人間の生命の終焉と共に彼らの生命も尽きるのである。そのときに彼らがもっとも望むことは、最高レベルの後世、つまり死後の定位置に行きたいと考えていることだ。

人間の人体の運用の立て役者は、これらの微生物さまにほかならない。私たちは自分の力で生きていると思い込んでいて感謝もない。こんなことで果たして人間は万物の霊長といえるのだろうか。

死後の世界に送り届ける私の作法の重要な部分は、人間の魂の定位置である霊界へと送り届けることで、それを「成仏」と言っています。私たち人間のために一生懸命人間を支え働いてくれた微生物生命体の終焉後は、私は人と共に「成神」という方法で神界へ送り届けている。人間の死後、魂のみを成仏させたとしても不十分であり、一個の人体の死に際して成神成仏という二重の仕組みを使って、ご苦労さまでしたとならないと、大変なことになる。

つまり、彼らは活動を途中で中断して、活動の場を失うのである。その大変なことについて例を挙げてみましょう。よく言われていることですが、池や古井戸を埋めもどすときには、しっかりとお祓いをしないと祟《たた》りが起こり大変なことになると多くの人が体験から実感しています。

例えば役目を終えた池を埋め戻す場合、もともと池の中の亀やカエルや金魚、鯉など、大きな生き物は、他の池に移すか他人にあげるかしますが、その他の小動物類や微生物類には頭がまわらず諸共生き埋めにしてしまいます。彼らもすべて意識体として意志を持ち、しっかりとした意識をもっているので、その恐怖や不安、死に方の辛さなどにより、悔しさが増して一つの大きな塊となって祟り、人を襲うのです。

ですから池を埋める場合には、知識のある方はしっかりと供養とお祓いをやります。それが不十分な場合は、周りによからぬことが起こります。したがって、まず池を空にして何度も水洗いしながらしっかりと干し上げ、乾燥させてから、なおかつ塩やお酒で清めて、神主さんを呼んでしっかりとお祓い行事をすることが肝心です。

また大きな木を切ると、昔から祟りがあるとよく言われていましたが、大木にも無限無数の微生物が共に生命活動を営んでいるわけで、祟りの原因の主たるものである。100年以上も経っている樹木などは大木となっていますので、微生物の数はやはり天文学数字であることは確実です。

土中にも、微生物は存在しています。例えば、畑の土を一握り採取してチェックした結果、60〜80億個の微生物が確認されています。豊穣の生きた土ほど、つまり土壌が肥えているところ程、微生物の数と種類が多いものと思われます。人類がチェックして、命名できている微生物はほんのわずかで、あとは未知なる世界です。細菌やウイルスと聞くと、すべて人体に害を与える悪いものと捉える人が多いと思いますが、実は、パーセントにするとその割合はほんのわずかです。それどころか多くの微生物はこの地球を浄化してくれているものです。土地を豊饒な土壌にしてくれています。微生物なくして地球も人類も成立しません。ということは、微生物様様ではありませんか。前出の平井先生はいつも微生物様と呼んで、感謝しておられるとのことでした。現代農業は農薬を使って、これらの微生物をみな殺しています。

私たちが今遭遇している未知なるウイルスも、これら微生物の中の一つです。生命体である以上は意識をもち、しっかりとした意志を持っています。上記を参考に、彼らとどう付き合えば良いのか、どのように処遇すべきか、その辺に対策も見えてくるのではないでしょうか。ウイルスとの共存共生の考えを基礎に置かないと、解決の道には辿り着くことはできません。

2020・5・16

食料危機に備える

我々人類が、新しい真の文明社会の構築に全力で取り組めるか否か、甚だ疑問である。コロナウイルスの本隊の襲来により、経済は完璧なまでに破壊され、流通すらも思うにまかせない状態になったとき、物不足、とくに食料の不足が露呈して来る。すでに世界的食料不足が予想される中において、今まで輸出国であった国がすでに輸出をストップさせている。世界でロシア、ウクライナ、トルコ、インドなど14ヶ国が農産物の輸出制限を始めた。つまり、グローバルから自国ファーストに切り換えている。これは今回のコロナ騒動で世界が目覚めたことの一つである。

今、もっとも恐れなければならないのがパンデミックと、国の経済破綻だ。どちらも急速に食料不足が発生する。生産・流通・輸入があっという間にストップしてしまうからだ。食材不足は、さらに人間の免疫力を低下させ、ストレスを作り、パンデミックに拍車がかかる。インフラはストップするし、宅配すらストップし、すべてが停止する。これについては別項で述べる。

今ヨーロッパでは女性陣が本気で農業に勤しんでいます。欧州でも庶民の皆さんが世界的食糧不足に備えてすでに行動しているのです。我国も、パンデミックや、突然の経済破綻で、食糧難にいつなるかわかりません。その確率がどんどん高くなっています。農業は、食糧難になってから慌ててやろうとしても無理です。どうぞ、「この指止ってみませんか」。備えあれば憂いなしです。始めてみたい方、ＪＡＴＩ（Art Ten Technology Association）にご一報ください。丁寧にご案内しますし、週末農業に関するご相談も、素人さんも大歓迎です。「やってやれないことはない。やらずにできるわけがない」皆さん、勇気を持って始めましょう。ホームページはこちら。https://j-ati.co.jp/

2020・5・17

コロナウイルスは簡単に終わらない

今時、第２波の話題が多くなって来ている。北海道などは、第２波コロナだと言っているが間違いだ。第１波のウイルスが変異しつつ毒性を増して来ているだけだ。第１波がどこまで強毒ウイルスに変異しながら第2波を迎えるか、第1波が何月まで猛威を振うのか、誰にも読めない。第1波の現段階の様相は、そよ風程度である。

風に例えるならば、少し毒性を増して来る今後の風予報はやや強風である。さらに第2波が発生すると、その風予報は台風並に発達する。第2波が本格化する頃には、ヘクトパスカルで表すと920ぐらいになるので超大型の台風並になる。

飛来が予想されている未知なる新型鳥インフルエンザになると、なんと840ヘクトパスカル程度となり、人類がかつて経験したことのない大恐怖台風だ。この未曾有の超大型台風が通過しただけで、地上の建物はきれいさっぱりと吹き飛んで残骸と平地が残るだけ。新型鳥インフルエンザよりもややおとなしいスペイン風邪について記録をたどってみよう。

「患者たちは関節痛を訴えて泣いた。高熱と悪寒に苦しみ、毛布の下でただ震えていた。下腹部の痛みを訴え嘔吐を繰り返した。何よりも、私たち（看護師）を驚かせ、怯えさせた症状は皮下気腫の存在だった。皮下に空気が溜まり、それが全体的に広がっていく。破裂した肺から漏れていた空気は、患者が寝返りを打つ度にプチプチと音をたてた。耳の痛みもよく見られる症状の一つだった。痛みや、めまいを伴った中耳の炎症が広がり、やがて鼓膜の破裂に至る。鼓膜の破裂までの時間は、痛みが始まって数時間といったところだった。また、頭痛も頭の中をハンマーで叩かれたような痛みが患者を襲った。目を動かす度に目の奥の痛みや視神経の麻痺が起り、視野が失われた。臭覚も侵された。死、そのものだけでなく、こうした激しい症状が人々に恐怖をもたらした」（『新型インフルエンザ—世界がふるえる日』山本太郎著より）

2020・5・21

昔からあった疫病対策

米経済紙「ウォール・ストリート・ジャーナル」が「岩手の奇跡」という見出しでが岩手県の現状リポートをネット配信しました（5月17日〈日〉）。日本中至るところで感染が広がっている中において、岩手県民130万人が無傷であると。ついに外国メディアの目に留まったのである。さらにブラジルのメディアが、岩手のミステリーに着目し、岩手県を特集している（5月18日ネット配信）。

日本には、その昔から疫病に苦しめられた歴史が全国津々浦々にある。地元静岡県の御殿場・裾野・沼津地方にも疫病退散の歴史がある。江戸時代の安永2年（1773）江戸で発生した天然痘らしき即死病が御殿場地方を襲い、罹った者は１００％死亡するという世にも恐ろしい流行り病の惨状を、神楽の神事によって人々を救い、終焉させたという。

　沼田の湯立神楽は、県の指定無形民俗文化財として今に引き継がれ、毎年10月最終土・日に子《ね》之《の》神社《じんじゃ》に奉納されている。また、安政5年（１８５８）御殿場・沼津・裾野地方をコレラが襲った。同じく即死病と恐れられ、次々と感染しては大量死に至り医療行為は破綻してしまった。成すすべを失い神仏に頼るしかなく呪術などもさかんに行われた。人々の心は、神仏へ祈願して除災してもらう以外に方法がなかったのだ。

　今も、この地方に伝わる吉田さんという神輿がある。御殿場地方では文化3年（１８０６）悪疫が流行したことが始まりで、９地区が吉田さんを持ちまわりで管理し、当時の除災に感謝する儀式が２００年以上続いている（吉田さんとは京都の吉田神社の分霊）。これらは、裾野・沼津でも同じである。裾野の深良村の記録によれば、安政5年（１８５８）７月盆後から前代未聞の3回コロリと呼ばれる即死疫が吉原宿辺から流行、近くの三島宿に飛び火、東海道から北上の兆し、人々は老若男女を問わず家業を放り出して信心一筋、実にこの世が滅亡するのではと絶望に駆られていた。

　魔除けの呪術を総動員したが安心が得られない。より強力な霊力を持つ神仏にすがる他ないと追い詰められた。そこで登場してくるのが京都の吉田様の勧請。人々は、吉田様のお力によってコレラの死の恐怖、村の死亡の危機を祓い除けようとしたのである。悪疫扼災を鎮めた歴史を持つ吉田さんは、160年以上経った今日でも、人々に感謝されている。

昔から日本には流行性の疫病を恐れ、これを鎮めるために、つまり疫病退散の意味を込めた祭が存在している。京都の祇園祭や、大阪天満宮の天神祭、さらには、悪霊の退散を願う〝唐津くんち〟や、〝博多どんたく〟などだ。祇園祭は、今から約1100年前に流行した疫病を鎮めるために始まった。さらに東京隅田川の花火大会も、江戸時代の8代将軍徳川吉宗の時代に大飢饉の発生や疫病の流行を受けて、慰霊と疫病退散の願いを込めて始まったと伝えられている。また、日本各地で行われている天王祭は、疫病を鎮めようとする天王信仰の祭礼であるとも言われている。こうして歴史を紐解くと、流行性の疫病は神仏に頼ることも一つの方法であったことがわかる。

信仰免疫と言えば、静岡にある清福寺《せいふくじ》の清福母観音《しょうふくははかんのん》様は、とても強い力を持ち多くの人々の信仰を集めている。この母観音様が偉大な免疫観音様として有名である。さらには、いろいろな願いを叶えてくれる観音様としても名をはせている。頼る人も、本気を出せば出すほど観音力が増幅すると思われる。

さらに清福寺には那智如意輪観音がある。如意輪観音といえば瀬織津姫の化身であり、祓戸力が抜群で岩手現象をつくり出しているのもこの瀬織津姫である。この観音様は健康管理に強い観音として有名である。御信言は、温《おん》倭《わ》羅《ら》陀《だ》範《はん》泥《どろ》銘《めい》運《うん》である。

江戸後期に悪疫が流行り、木喰が全国を周って観音菩薩など3日で1体仏像を刻して各お寺に安置し、念仏を唱えながら悪疫退散を願って頻りにお勤めしたが願いを聞き入れてもらえず、木喰はついに天に向かって怒った。「神も仏も昼寝なりけり」と、捨て台詞を吐いたのだ。これは願いが神や仏に届かなかった事例であるが、神仏に対する誠の心を持って通じ合うことこそ、奇跡が起きるのではないだろうか。

コラム8 疫病対策としての祭り

医療はスペイン風邪の時代から100年以上経っているのに、コロナにおいても100年前とあまり進化していないように見えます。また人間自身も精神的進化が見られず、逆に精神的に弱くなっていないでしょうか。コロナでちょっと閉じこもっただけで、もうコロナうつになったとか、罹患した人の8割以上が後遺症の悪影響を恐れています。といっても神が動かしているやっかいな代物だとすると、勝負は最初から決まっています。ならば、「あいすみません」と言って謝り続ければ、その意志は天に通ずるかもしれない。

大阪の三大夏祭は、疫病退散の願いを込めた夏祭りです。四天王寺の愛染まつり、住吉大社の住吉祭、さらには大阪天満宮の天神祭、これらの3祭りは、疫病退散を祈願する大衆を巻き込んだ大きなお祭りです。「あいすみません」の言葉の語源はなんと、この三大祭という説があるほどです。愛住天《あいすみません》ということらしいのです。

日本の三大祭とは、「祇園祭」「天神祭」「神田祭」ですが、京都の八坂神社の祇園祭も、疫病退散の祈りの祭りです。八坂神社の祭神はスサノオノミコトで、千年前から行われている京都を代表する世界的にも有名な祭です。これは、京都のやや中央部に位置する神泉池の畔《ほとり》にある神泉苑で、貞観年間（859～877年）に蔓延した疫病の退散を祈るために行われた「御霊会」が、祇園祭の発祥とされています。つまり、祇園祭の根幹は、疫病退散を祈ることだったのです。

八坂神社東條貴史権禰宜さんのお話では、八坂神社では祇園祭に参加する氏子さんたちは、「蘇民将来子孫也」の護符を身に着けます。また一般の人向けには、厄除けちまき（10本のちまきに赤紙に黒い字で「蘇民将来子孫也」と書かれている）を、会所及び御施所において授与しています。元来「ちまき」は、和名「芽まき」で、芽に特別の霊性を認めた日本古来の考え方によっていて、疫病災難除けの門口に吊るして置くと、ご利益があると言われています。

「蘇民将来子孫也」の護符とは、「備後国風土記」（広島県）によると、北海より南方に旅していた特別な神が人間に化身して、貧しい蘇民将来《そみんしょうらい》と金持ちのその弟巨丹将来《こたんしょうらい》という2人兄弟に一夜の宿を求めたところ、巨丹は、あまりにも見にくい汚らしい姿の見知らぬ人を拒み、相手にしません。次に蘇民将来に出会うと、彼は快くその旅人を泊め、貧しいながらもお風呂を勧め、粟飯でもてなし、一夜の宿を提供して精一杯のおもてなしをしました。特別の神は、旅の途中、蘇民将来が厚くおもてなしをしたことに大変喜びを感じていたのです。

それから数年後、将来は妻を娶り子を授かり暮しているところへ再び特別な神が現れ、自分はスサノオノミコトであると告げ、「蘇民将来の子孫はすべて神の力によってお護りする」ことを約束されたのです。

じつは八坂神社の祭神はスサノオノミコトであり、こうして祇園祭がはじまったのです。従って、蘇民将来子孫也と書かれた護符を玄関先に貼っておき、また本人たちも持ち歩いて、伝説の恩恵を受けようとするのが八坂神社のお祭りです。今年はコロナの影響で、山車を出す祇園祭は中止されましたが、7月24日八坂神社の内での祭事は例年通り滞りなく行われました。こういう神の助けを乞う行事は日本全国に見られます。

岩手県には、全国的に珍しい奇祭と呼ばれる祭りがありますが、これも蘇民祭です。奇祭といったのは裸体でふんどし一丁で寒い冬に行う行事であるからです。岩手の蘇民祭も、京都の八坂神社と同じく、蘇民将来の逸話が元になっています。岩手のコロナが当初半年以上にわたってゼロを記録していたのは、このようなもう一つの伝統的行事に守られていたからなのかもしれません。

コラム9　神仏医学と信仰免疫

私のいちばん身近な静岡県駿東地区において、未知のウイルスに人々がどのように立ち向かって行ったか、歴史的文献を紐解いてみたいと思います。

安永2年（1773）の「辻弓本」によれば、当時、疫病の流行を静めるため、富士吉田の行者である萱沼義兵衛によって伝えられたという湯立神楽があります。これは、御殿場市沼田に伝わる県指定無形民俗文化財で、子之神社で執り行われます。当時村にはコレラが流行し、その疫病の退散を願って始められた勇壮な神楽です。今でも毎年10月に奉納されています。

さらに安政5年（1858）、この地方に再度コレラが襲い掛かりました。即死病と言われ、次々と感染しては大量死に至る惨状は、医療行為も為すすべなく、あらゆる神・仏・流行神・呪術を動員してこれに当たることとなりました。駿河国駿東郡の各村々は共通して京都吉田大元宮の勧請によって、未知の悪疫のコレラの災厄を除こうとしました。

昔の人々のコレラに対する向かい方は天変地異と同様、速やかな退去を祈願するというやり方しかなかったのです。当時から強力な霊力を求める人々の中に、京都吉田神社勧請の行動に出たものと思われます。とはいえ、神や仏の力も千差万別のようで、昔も今も効きの良し悪しがあり危機的状況にある場合と平時とでは、神仏にも違いがでます。果して「蘇民将来子孫也」の護符で効果が得られるのか、誰にでも効くのか、試されるときでもありかねます。あります。しかし、これは信仰の力なのか、本人の熱意あるプラシーボ効果なのかはわかりかねます。

そして私が推薦する神仏があります。天橋立にある籠《この》神社と、その奥宮である真名井《まない》神社です。令和のウイルスをコントロールしているのが、この真名井が原の神々です。ならば、元の基をお参りするのが筋というものです。そして信仰免疫というものがあるとすれば、ありがたい話です。

次に、静岡にある清福寺の2つの観音様は流行病であるコロナウイルスをはじめとする次なる脅威のウイルスにも絶大な効果を発揮する力を持っています。本堂の左側に安置されている清福寺母観音は、直接銀河系宇宙の神界と繋がる能力をお持ちです。そして、本堂の右側に安置している那智如意輪観音は、那智大社境内に隣接する青岸渡寺の如意輪観音の分霊で、如意輪観音は空海の力を借りて瀬織津姫の化身とも言われるようになりました。清福寺に行かれたら、順番としてまず奥にある母観音を拝み、次に、右側の那智如意輪観音を参るのがいいでしょう。

民間信仰はいろいろありますが、私たちの先祖が必ず願いが叶うと信じて祈りを繰り返し、心願が成就できれば医学を超えたことになります。つまり、神仏医学なるものが生まれるかもしれません。もちろん神仏の頼みは、医療を含むすべての方法が力尽きた場合の話ですが、準備は事前に万全を期すようにすることが大切です。

2020・5・28

菌による免疫力の強化策

世間では、コロナの第2波、またはコロナに替わる最強ウイルスが、この秋口から年末にかけて、世界同時多発的に襲来すると、ネットや報道で喧伝《けんでん》している。人間は、未知のウイルスに遭遇するたびに苦戦を強いられている。しかし、多くの感染者がいる中においても平然とウイルス感染しない人々もいる。この差は何か。免疫力の差なのか、これらに対抗できるDNAを持っているのか。両方を併せ持っているのか。

医学的研究の主力は、ワクチン開発に注力されているように思われる。ワクチンさえあれば抗体をつくれると、まさに特効薬の扱いである。だが完成するまでに1・5年〜2年はかかると言っている。だとすればウイルスの発生から最盛期まで約半年なので、ワクチンは意味をなさないのではと思う。季節性のインフルエンザでさえも、流行を過ぎる頃には、次々と変化していて、ワクチンの効きが悪いか、効かないからである。では、強力な自己免疫をつくるにはどうすればよいのだろうか。また免疫力を落とさないためには、どうすればよいかにも着目してみたい。

食材を中心に考えてみると、現代人は体を弱らせる食べ物を多く口にしている。化学物質と言われる食品添加物、農薬類、得体の知れない遺伝子組み換え食材、抗性物質を含む薬物類などが私たちの体を蝕《むしば》んでいるのではないか。

さらに、精神的ストレスが加わってより負の効果が発揮されている。子供たちが、今回もコロナに罹りにくかったのは、生まれながらに備わっている免疫力が低下することなく存在していたからではないか。高齢者ほど重症化したのも、長年免疫低下物質を年齢的に多く摂取しているからではなかったか。

ここで人体に最大の悪影響をもたらす放射能について考えてみたい。太平洋戦争末期、米国は広島・長崎に原爆を投下した。通常投下後の放射能は3～4年残留し、その地域には入ることができない。チェルノブイリは今でも立入禁止区域が広大に広がっているし、3・11の福島でもその破壊力は半端ではない。ところが、広島には異変が起きたのである。8月に被爆したにも拘らず、5カ月後の12月には、広島市内に入って死体の探索やガレキの撤去を始めたのである。長崎も同じであった。米国の専門家たちは驚きをもって見守っていた。じつは、3～4カ月で残留放射能は激減し、10月頃には草が生え出していた。何がそうさせたのか。私は、ＳＡＲＳが発生した翌年にこの研究に入った。まず始めに広島に入って、戦前広島市内に酒蔵・味噌醤油蔵が何軒かあったか調べ始めた。当時の資料は全く残っておらず、役所へ行ってもわからないという解答だった。そこで現在再興している酒蔵さんを訪ね、当時の仲間たちのことを聞き出した。さらに、味噌、醤油屋さんも同様にして戦前の蔵元をすべてチェックできた。なんと、広島市内に55軒の蔵元さんが存在していたのである。つまり、国菌と言われる糀菌が永年の環境条件下で市内の土壌にしっかりと住み着いていたのである。

戦前の糀菌は、現在の糀菌よりも数倍の強さと繁殖力があったと思われる。その糀菌の力によって残留放射能は分解されたのである。私は、意を強くして長崎へも行ったが、なんと長崎でも同じことが起きていた。長崎市内に同様の蔵元が45軒存在していたのである。この事実から、間違いなく日本の国菌・糀菌が残留放射性物質を分解したことが理解できた。さらに、聞き取り調査をしているうちに、当時の記録によるある事実を知ることとなった。

広島で、20年8月6日(月)、原爆投下の前日、大量にお酒を飲んでいたグループがあった。二日酔いで朝を迎え、原爆に出くわしたのである。全員爆心地にいて、直接被爆は免れたものの、その後、原爆症が発生することを心配していたが、この十数人の人たちは全員原爆症が現れることがなかったという。また、長崎のある教会の牧師さん以下スタッフの方たちは投下後、味噌とワカメの味噌汁を食べ続けた結果、全員原爆症を発症しなかったという記録を目にして、疑問が確信に変わった。

そこで私は早速、自前の味噌作りを始めた。糀も松本の大久保醸造に特性アートテン味噌糀を作ってもらい、佐賀のアートテン大豆を使って味噌を作った。2年3年ねかした味噌にカマンベールチーズを漬けてチーズの味噌漬けを作った。これは、パンデミックが世界で発生することを予測していたので、ヨーロッパの食文化の食の巨匠と称えられる発酵食品の代表のチーズと合体させて、世界最高級の免疫強化食品を作り出した。味噌とチーズの合体については、SIスペースインテリジェンスを使った。これは、免疫強化食品であると同時に、免疫力をつけるDNAを変化させる食品でもあり、3樽漬けてある。発酵醸造期間が10年を超えているのでその力は強力である。

今回のコロナにおいて、日本人の死者が世界に比べ極端に少ないのは、日本人の味噌・醤油文化と日本酒の純米酒文化によるところが大きいと推察される。それも、本物の味噌や3年物の醤油など発酵を手抜かりなく、昔ながらの製法で作られているものに限ることはもちろんである。昨今の醤油は、1カ月で出来上がる糀発酵はなく、乳酸菌発酵で作られるので別物である。味噌も大豆粕を使って作られたものは論外だ。

2020・5・28

未知のウイルスとの闘い

未知のウイルスはどこからやって来るのだろうか。一向につかめない。そして、人間の悪の部分を強制的に正すという、まさに正義の味方と捉えれば頼もしくもあり期待がもてる。しかし怖い。今や人間の悪行に付ける薬がないのも事実だ。今時の人間経済や仕組などは本当に優しい良い人たちにとっては鬼より怖く、コロナより怖いと言える。

今回の初動のコロナウイルス騒動の体験から、速やかに大改革・大改善を実行しないと、人間らしい人々にとって悲しい出来事の多すぎる世の中になってしまい、生きながらにして地獄を見ているような気になってしまう。もはや一刻の有余もない。地球崩壊まで時計の針が、あと5分で12時の時報を打つ。つまり、シンデレラ時間である。すべては元の木《もく》阿弥《あみ》となる。

10年前の宇宙会議で激しい議論がかわされたが、結論として地球はつぶさないとの決定が下り、その対策が示された。それは人間どもの反省を促し悪癖を改善させることにあった。この具体的対策が未知のウイルスによる浄化作戦である。世界の国々の指導者たちも、各々自分勝手なことばかりで、地球の環境破壊に目を向けることもせず、耳を傾けることもしなかった。

スウェーデンのグレタ・トゥーンベリさん、16歳の少女が声を挙げた。「人類は、分かれ道に立っている」と。地球の温暖化など、地球の危機について訴えて来た。「世界の政治家や権力者は長い間、気候や生物学的な危機に立ち向かうことを何ひとつせず逃げてきた。しかし私たちがこれ以上彼らが逃げ続けないようにしていく」これが彼女の主張です。でも、世界のリーダーたちの動きはほとんどなかった。

私はこれらの危機について自分なりに20年前から密かに研究して来たことは、すでに述べているが、ほんのつい最近まで「食料危機が来るぞ　とんでもないウイルス細菌に襲われるぞ」などと言おうものならバカ呼ばわりされ、頭がおかしいとオオカミ少年ならぬオオカミ老人扱いされ兼ねない雰囲気であった。

食糧難についてなどは、昨年までの統計では、日本人のもったいない食べ物を捨てる量が一人当たりに換算すると年間51kgであるという時代背景の中において、まさかあれから

1～2年でこんなことになるとは。では、なぜ私が真剣すぎるほど研究に熱中したか。思い当たることを紹介してみたい。

私は自衛隊生活で、最後の6年間に3部隊の指揮官を命ぜられ、職務に専念していた。その頃から、難しい事件や事故の処理指導官として命ぜられることが多くなった。何度も、何度も難しい想定を任されるにつれ、自信と勇気が湧いてきていた。そして私は他より危機管理能力に優れているということに気づき始めていた。

そんなさなか、自衛隊を辞める決心をした。辞めてまもなく中国占星術の大家であるアウエント静子女史と10年以上お付き合いする機会を得たときに言われたのは、あなたには3つのすごい星があるという指摘。1つ目はグルメの星。2番目は皇の星が2つあって、あなたは一生あなたの周りに素晴らしいスタッフが常にいて、あなたを不自由させませんと言われた。3つ目は生まれつき危機管理能力に優れているということだった。これが、私が難問に取り組もうとした根拠になっているような気がしている。直接侵略に対する安全保障については国がやることだが、食糧安全保障やパンデミックの安全保障については国は基礎ができていないというよりも、まさかそんなことという考えのようだった。

しかし、昨今は防衛のための安全保障に加え、食糧安全保障、さらにパンデミック安全保障についても少し真剣に考えるようになってきていることはいい傾向だと思う。私独自のこれらの研究は20年に及び、どちらも90％以上の結果を出せる自信が出てきている。もはやパンデミック作戦の本番間近なので、食糧難については多くの方々のご協力を得て随時作戦を開始しています。悩める人類を尻目に着々と準備を整え、出番を待っている状況です。

2020・7・14

なぜこんなことになるの

コロナ感染はなかなか止む気配がない。国の情報によると、最近は若者の感染が多いようだ。インドの神童青年と言われる占星術家は、世界的にも稀なる能力の持ち主と言われているらしく、彼の予言通りだとするなら、再流行は今年の12月頃からスタートするというのである。そして、この殺人ウイルスの猛威は3月いっぱい続くという。

このような難しいウイルスは、動物霊が突然変化を起こして作り出されるもので、その威力は大中小様々である。今回来るであろうウイルスは、中の上ぐらいの威力を持ったウイルスと判定できる。エッ、まだその上があるのと思われるでしょうが、じつは大の威力を持つウイルスが、荒ぶる鳥インフルエンザと言われている。

ということは、大きく捉えて、第1波は12月からやって来る殺人ウイルスで、第2波がこの新型鳥インフルエンザで、強猛殺人ウイルスということになる。

なぜなら、人間はすべてをやり過ぎてきた。それも、自分たちのためのみに。人間は開発した化学薬品によって、多種の微生物を殺し、それによって小動物も死滅させ、はたまた食肉用として多くの家畜動物を何の鎮魂もなく残虐に処理してきた。その結果、地球全体の無限無数の種の生命体が絶滅の危機に瀕している状態において、それに気づこうとせず、改めようとせず、自分本位に勝手な振る舞いを無意識に行なっているその様は、絶対許される行為ではないと多くの生命体は判断し、ついに行動に移したのである。

その主体になっているのが、動物類の彷徨《さまよ》える霊たちだ。彼らが一丸となってウイルス化し、力をつけて最強とまで言われる殺人パワーを身につけた。もう人間どもは、どうしようもない状況に追い込まれている。今後、次々とやって来る強毒化した殺人ウイルスの前に人類は為す術がない。人間が作り出した文明の否定に他ならないからである。

かつて神は善良な人たちだけを救うためノアの箱舟を作り、一時地上を離れ待機させ、地上は4000メートルの津波に一瞬のうちに覆われて飲み込まれてしまった。その後の文明は神の警告を遵守して立て替え立直しを行い、地球環境は蘇ったのである。では、今回はノアの箱舟は出現するのか。たとえ出現したとしても食料や水など生活必需品は自分で準備しなければならない。準備を怠れば餓死することとなる。準備万端整えているところには、攻撃の手はやってこない。繰り返しで申し訳ないが、「備いあれば憂いなし」で戦場を支配してはどうか。

2020・7・15

本番に備えてイメージトレーニングは完了していますか

万が一に、12月下旬頃からやって来ると予想されている猛毒の殺人ウイルスが、本当に奇襲的に襲ってきたとしたら大変なことになる。罹患すると肺梗塞を起こして呼吸困難となりバタバタと倒れ死ぬのである。よってコロナの経験を生かした対策を講じることもできない。病院はすでに閉鎖し、ドクターもナースもいない。今回のコロナ恐怖でも、首都圏では数多くのナースやドクターが自己防衛のために退職している。外出はできず、個人及び家族は完全に缶詰状態になり、長期籠城作戦を取らざるを得ない。

問題は、東電などの発電所勤務者が恐れ慄いて出勤できない状態になれば、まもなく電気が使えなくなる。するとほとんどのインフラがストップすることになる。電気が来ないと冬の寒い時期の暖房設備が使えなくなり、高層マンションなどはエレベータが使えなくなる。また食料の準備不足の場合は、1カ月で食料が尽きてしまい、餓死者が出始める。万が一、水道もストップするとトイレの始末に困り果てる。飲む水がなくなるとその先は死を待つのみとなる。さらに恐ろしいことは、停電により原子力発電所がベントを起こし爆発を起こす。全国54基ある原子力発電所が爆発したときには万事休すである。

政府はどんなことがあっても何としても電力の供給を確保すべきである。私が提唱している危機管理案は、各発電所に自衛隊の中隊クラスの人員を配置して、発電所の運転の申し受けを行なって管理を任せることだ。自衛隊は必死になって電力の確保に全力を尽くすことになり国難を救うこととなる。そうすると、あとは各人各家庭の食料時給の問題である。3カ月の家での籠城作戦に突入することとなるので、食料を3~4ヶ月分ストックしておくことは重要だ。

さらにウイルスに罹患しないためには、自分自身の自然免疫を日頃の生活の中で高めておくことが重要である。このためには日本食がベターである。割と手に入りやすいものを挙げると、味噌（本物）、山葵、鰹節、玉葱、長ネギ、しめじなどのきのこなど。そして、万が一、どこかの原発が爆発した場合に備えて味噌とワカメを確保しておいた方がいい。

それからガスが止まった場合のためにガスコンロを準備しておいた方がいい。また断水の場合を考えて食器洗いをしなくてもいいように、ラップやポリ袋があると、使い捨てができる。さらに部分停電もありうると考えるなら、寒さしのぎにすみや練炭など暖を取る処置も考えておいた方がいい。

いずれにしても個人の準備こそ要で、長期の大サバイバルを始める覚悟が必要である。食料調達は本番中（ウイルスの流行中）は無理と覚悟を決めて穀物、乾物、缶詰、レトルト食品など、もちのいいものを中心に備えておくといい。さらに、乾燥野菜や果物の缶詰も栄養のバランスをとるには、あるにこしたことはない。キリギリスになっては万事休すである。

2020・7・23

大切な情報は繰り返して記憶することが大切

東京のコロナ感染拡大は、第2波ではなく、4月に最終的に変異したコロナウイルスである。第2波はやって来ない。なぜなら彼らは前号の情報で記したように、今後やって来る殺人ウイルスの偵察部隊だからです。次に来るのは本隊の前を行く前衛隊です。前衛隊と本隊が時間を置かずほぼ一緒に来ることもありえます。

コロナウイルスが猛威を振るい出したのは何が原因なのか。こんなに人間社会が混乱しているときでも、動植物を含めて大自然は何も変らず悠然としている。ただ人間社会だけが大騒ぎである。私たち人間だけがターゲットということは、人間社会に問題があり、これを破壊するために人間社会の歪みがターゲットとなっていることに気づかねばならない。人間としての生き方が間違っている。男として女としての生き方も間違っている。

藤沢の春岳玄樹和尚が言った。「世間は、いろいろと賑やかなことですが、高橋先生の本をまた読み返しています。2025年頃からの宇宙的な変化に備えて、今年が恐らく変化の入り口なのでしょうね。人間の意識の変化がなければ、ヒトも変われないと思っています。まさに今、見えない世界が世の中を変えて行くのだと感じています。今、見えないウイルスに世界中が怯えているわけですが、世の中の人がウイルスと共存の意識を持たない限りはこの騒ぎは収まらないでしょう。戦うのではなく、共存ではないでしょうか？」

まさにコロナ後も人間は元の生活には決して戻れない。戻そうとすると、さらなる苦しみが与えられる可能性が大である。

2020・7・23

審判により真理がはたらくとき

77億人の地球の総人口は、すでに地球には無理があるようだ。このままでは、2025年には軽く80億人を突破する。地球規模での食料の不足は、誰の目にも明らかだ。問題は食料だけに留まらない。人間が出すゴミの量はすでに処理不能点をはるかに越え、陸はもちろん海をも汚染している。帰還不能点をはるかに超えてしまい、元の状態に戻せないのは明らかである。自然界の調和は、完全に崩れ去ってしまっている。

ある種類の生き物が異常に増殖した場合、必ず伝染病が起こり、その種は減少すると言われている。１９０７年にアーネスト・トンプソンが、北極平原に前年にはたくさんいたシロウサギ（北ウサギ）が、この1年には、１匹も見かけなくなっていた。これは、ウサギの間に疫病が流行し、すごい勢いで広がったためであると、シートン動物記に書いている。これが天地の自然の法則ではないだろうか。ノルウェーの哲学者　アルネ・ネルは、「地球という生命体を健全な形で守るためには、人間中心主義ではなく、生命圏平等主義の立場をとり、生命の多様性を尊重して、共存共生を求めなさい」と言った。

修禅寺の吉野真常住職は、「今、人類は、新型コロナウイルスの蔓延や、地球規模の環境問題等により、これまで以上に大きな価値観の転換と生き方の変化を求められているように思うのです。経済的裕福さ、享楽的娯楽を最優先することではなく、人間が生きるためのありのままの性質、つまり生きとし生けるもの全ての生命《いのち》を大切にする生き方が問われていると思います」と述べている。

自然界の中にも、人間の身勝手によって生態系が狂ってしまい、ヒトに獣害を与えるようになってきた。日本では、明治期に、オオカミ狩りをやり、絶滅させてしまった。その結果、鹿やイノシシが増えて大変なことになってしまった。一番問題なのは、鹿は、森林の木々の皮を剝いて食べまた新芽をすべて食べ尽くすため、森林の枯渇する原因を作っていることだ。これは、頂点捕食者オオカミが生存しなくなったために起きている。鹿の増え過ぎは、2020年で推計250万～300万頭にも及ぶと言われている。鹿による過剰採食による森林の枯死、地表植生消失による裸地化は土俵を消失させ、多くの野生動物の生息環境を破壊し、山地崩壊、渓流湖沼汚濁、沼岸海生態系の劣化をもたらしている。美しく、豊かな山河（自然）を失った社会の衰退は避けられない。（丸山直樹　白水社『オオカミが日本を救う！』から）

それはまるで人間が異常増殖した姿によく似ている。人間の増殖が食料の枯渇に繋がっていく様子、自然環境を破壊していく様はそっくりである。要するに、ヒトは人間優先の文明を創ってやり過ぎたのである。鹿退治は人の手によって、オオカミを日本山地に復活させれば、10～20年で、1・5万～2万頭になり、鹿の生息地も限定され、適性な自然環境が約束されるだろう。

人間も、殺人ウイルスによって、鹿とオオカミの関係のようにならざるを得ないのだろう。世界では、北部ロッキー山地、米国五大湖沿岸地域、ヨーロッパなど、オオカミの分布復活で成功を収めているところもある。ウイルスは神がもたらした人口消滅のためのオオカミみたいな存在であろう。人間に対する頂点捕食者は、神のみである。

2020・8・2

どう生きればよいか

コロナウイルスは、ひたひたと押し寄せて来る。人間の考え直さなければならないところにまず忍び寄る。そして、反省と自覚を促し見直しを迫る。大改革・大改造を迫られている。まず、私たち人間の生活習慣を正す作戦から始め、それが会社組織・学校組織などあらゆる分野に影響して、だめなものははっきりと否定され、今後の再生はあり得ないことになる。たとえば、コロナで最初に日本人が見せられたのは、豪華客船の入港であった。世界を巡る旅は、高額な客室など諸々の費用を含めると1千万円~数千万円になる。こんな短期間に豪遊する人たちの旅をご案内している。安くても数百万単位のお金を使う。自分のためだけに使う。自分だけのために快楽に浸る。こんな生活は止めなければならない。

世界には、餓死状態の人々が山ほどいる。我々は、飢えて死にかけている人々の状態を認識したことがあっただろうか。慢性的な栄養不足で、約10億人の人々がさまざまな心身の傷害を背負わされている。視覚障害・くる病・知能発達障害などだ。アフリカ・アジア・ラテンアメリカ合わせて約１・５億人の人々が視力を失っていると言われていて、年平均７００万人が視力を失っている。しかもそのほとんどが子供たちだ。飢えはアジアが多い。約６億人が苦しんでいる。サハラ以南のアフリカは、約２億人と言われている。その他豊かな国でも飢えが発生するのである。

こうしたことを見分けてくると、同じ人間として知らなかったでは済まされません。こうした情報に接すると、豪華客船と飢える人々との格差がありすぎませんか。そういう豪遊・豪楽をしている人々が、もし来世逆の立場にならないとも言えません。今自分ができる事を始めて、死後の世界で六道の中で上級クラスに進めるよう努めることが本当の自分の幸せのためではないですか。他人に幸せを与えて自分が幸せになる。これぞ絶対の幸福で、後世でも来世でも立派に通用する通行手形である。

コロナの流行当初に、ある有名なタレントさんがコロナ死を遂げたが、あれもしっかり見せられていますネ。高給取りが、自分のために豪華な生活をし、貧しい人に振り向かない、気づかない人生に警鐘を鳴らされたと見ていいと思う。こんなことを言って失礼とは思うが、これを見本として反省する人が出てくることを期待しているのは一番見えない力

ばならないようなことが起きるかもしれない。

また、今一番注目されている夜の歓楽街。全国で大量発生しているエリアである。度が過ぎた快楽に警告を発せられていると思っていいと思う。お金の使い道をもっと考えてみる必要性に迫られていると見てよい。他の人のために、自分の稼ぎの20〜30%を使うやりかたを多くの人が行ったら、支え合う社会がしっかりと出来上がり、神界が願う理想社会に近づけるでしょう。

コロナは人間社会の正すべきところに侵入して、思いがけないことを見せてくれていま
す。しっかりと心して止めるか、本来あるべき姿に大改善していく必要に迫られています。皆さん、私たち身の周りで正すべきことがあったら、先手攻勢で修正してみませんか。ちょっとした気のゆるんでいるところにコロナが忍び寄ってきます。さらに気を引き締めて8月の暑さを乗り切りましょう。

コラム10　SIを活用したコロナ対策

SI（スペースインテリジェンス）は、20年前に第1世代として誕生しましたが、現在は、第10世代技術が使用されています。コロナウイルスは、人間にとって悪もの扱いされていますが、つまりは人間の天敵なのです。地球上すべての生き物は、天敵システムの世界で生きています。どんなに優れたものにも、どんなに強いものにも天敵が存在します。これが、天然自然の法則であり、宇宙の仕組みなのです。そして、これが理想的な宇宙の循環システムなのです。この仕組みを利用したのが、SIコロナ対応方法です。コロナウイルスにも立派な天敵はいます。これらのウイルス仲間には、同族種の天敵が必ず存在しています。

例えがあまり適切ではありませんが、コブラとマングースみたいな関係です。ひとつの例を挙げましょう。流行性感冒のソ連風邪などは、人間にとってもっとも苦しめられるウイルスですが、天敵を差し向けると、さっさと退散してしまいます。彼らは、ほとんど戦わずして退却してしまいます。このシステムを応用すると、コロナ対策も解決します。ただし、重症化しない初期のうちに行うことが大切です。あちこち体の組織が破壊されてからでは、組織の回復に時間がかかり過ぎ、または、回復不可能になることもあります。疑わしきうちに対応することが望まれます。

ＳＩ技術は、風邪の症状に対し、季節性の風邪なのか、コロナなのか、他のことなのか、瞬間に判定し、コロナに罹っていたら遠隔方法にて速やかにコロナの天敵ウイルスを選定して送り込みます。するとまもなく、元気を取り戻し、平常の生活にもどれます。この方法は、人間にとって病原菌と言われる微生物全般にも応用できます。ノロウイルス・ロタウイルスをはじめ、食中毒を起すバイ菌と言われるような微生物まで対応が可能です。

対微生物（ウイルス細菌）における対応の要領は、天との交信からはじまります。こちらの要望に応じて、天から8桁～10桁の数字で示されるのです。強毒性のウイルスに冒され、完璧に患っている人に、天との交信により得られたＳＩを時空を越えて遠隔投与すれば、人体に侵入しているウイルスや細菌がことごとく退散し、回復がはじまります。24時間あれば体調が完全回復します。つまり、患って傷みが少なければ少ないほど回復が早くなります。

第5章

コロナ後の世界はこうなる

摩訶般若波羅蜜多心経《まかはんにゃはらみったしんぎょう》

観自在菩薩《かんじーざいぼーさつ》。行深般若波羅蜜多時《ぎょうじんはんにゃーはーらーみーたーじー》。照見五蘊《しょうけんごーおん》
皆空《かいくう》。度一切苦厄《どーいっさいくーやく》。舎利子《しゃーりーしー》。色不異空《しきふーいーくう》。空不《くうふー》
異色《いーしき》。色即是空《しきそくぜーくう》。空即是色《くうそくぜーしき》。受想行識《にょーそうぎょうしき》。亦復《やくぶー》
如是《にょーぜー》。舎利子《しゃーりーしー》。是諸法空相《ぜーしょうほうくうそう》。不生不滅《ふーしょうふーめつ》。不垢《ふーくー》
不浄《ふーじょう》。不増不減《ふーぞうふーげん》。是故空中《ぜーこーくうちゅう》。無色無受想行識《むーしきむーじゅーそうぎょうしき》。
無眼耳鼻舌身意《むーげんにーびーぜっしんにー》。無色声香味触法《むーしきしょうこうみーそくほう》。無眼界乃《むーげんかいない》
至無意識界《しーむーいーしきかい》。無無明亦無無明尽《むーむーみょうやくむーむーみょうじん》。乃至無老死《ないしーむーろうしー》。
亦無老死尽《やくむーろうしーじん》。無苦集滅道《むーくーしゅうめつどう》。無智亦無得《むーちーやくむーとく》。以無《いーむー》
所得故《しょーとくこー》。菩提薩埵《ぼーだいさったー》。依般若波羅蜜多故《えーはんにゃーはーらーみーたーこー》。心無《しんむー》
罣礙《けいげー》。無罣礙故《むーけいげーこー》。無有恐怖《むーうーくーふー》。遠離一切顛倒夢《おんりーいっさいてんどうむー》

想《そう》。究竟《くーぎょう》涅槃《ねはん》。三世諸仏《さんぜーしょーぶつ》。依般若波羅蜜多故《えーはんにゃーはーらーみーたーこー》。
得阿耨多羅三藐三菩提《とくあーのくたーらーさんみゃくさんぼーだい》。故知般若波羅蜜多《こーちーはんにゃーはーらーみーたー》。
是大神呪《ぜーだいじんしゅー》。是大明呪《ぜーだいみょうしゅー》。是無上呪《ぜーむーじょうしゅー》。是無等等呪《ぜーむーとうどうしゅー》。
能除一切苦《のうじょーいっさいくー》。真実不虚《しんじつふーこー》。故説般若波羅蜜多呪《こーせつはんにゃーはーらーみーたーしゅー》。
即説呪曰《そくせつしゅーわつ》。羯諦羯諦《ぎゃーていぎゃーてい》。波羅羯諦《はーらーぎゃーてい》。波羅僧羯諦《はらそうぎゃーてい》。
菩提薩婆訶《ぼーじーそわかー》。般若心経《はんにゃしんぎょう》。

◎コロナ禍後の立替え立直し

平成30年10月、真名井神社の遷宮立替えの神事は滞りなく完了しましたが、そのときの形が、コロナ禍後に出現する社会形態の見本であると神意が示されました。

同宮の立替えには、約80%の建築材を永久破棄することになりました。これらの材は腐蝕が激しく、宮大工の説明によると、あと3カ月遅かったらその冬の大雪で倒れていただろうということでした。私たちの物質文明の降昌も、目に見えないところですでに同宮と同じ状態になっています。

大国による物質文明の時代は終わりをつげ、次なるコロナ禍の立替え後の文明に人々は今、大いに期待を寄せています。物質文明の終焉にみられる状況は、すでにこの半年ほどで目でも捉えることができたと思いますが、まだ捉え足りないでしょうか。たくさんの兆候が見られますが、これを見逃してはいけません。何度も述べますが、コロナ禍で何を学ぶかが重要なのです。

世界が一挙に、今まで見たこともない苦しみを表し始めました。経済活動も、人間の心も急激に沈滞しています。各国の財政しかりで、経済に至ってはかつての世界恐慌並みに痛打され、右往左往しているようにみえます。ライフスタイルも、働き方も、もろもろ強制的に変化を求められています。これらが令和3年からさらに2~3年続くと、社会構造は完全に破壊されかねません。

ましてや、さらなる恐怖のウイルスの出番がやって来るとなると、行く先は想像もつきません。物質文明の後に来る文明を、龍宮文明とも、黄金文明とも言っている方々がいます。つまり、体主霊従の力によって世界を支配するのではなく、神が主体をなし、人がこれらに従うという神意神徳を中心とした霊格・霊性の高い、神に認められるような徳を備えた人々の集まりが期待されています。

人を大切にし、幸福にする道徳観や、地球を大切にする宇宙観を備えた善良な総合思想が、国家や社会構造の主流となる世の中に発展していくことになるでしょう。神人和楽つまり、みろくの世が開かれるというのです。

さて、具体的にはどのように立替え立直しが行われるのか、その変化の一部を一緒に見ていきましょう。

◎コロナ禍後の社会変化

病院や診療所は、廃業や統廃合により半減することになります。高齢者の通院激減により、病院の運営に赤信号が点滅しています。世に信頼のおける病院のみが残り、中身を大幅に立直しさせられることとなるでしょう。

一例として、歯科医院について具体的に述べてみます。歯科診療は、現在のやり方の80%は世の中に通用しなくなります。これからは歯の健康についての重点診療となります。つまり、従来の対処療法に重点を置くのではなく、60~80代になっても健康な歯が28本分の26~28本あるように、小さいときから歯の健康指導に重点を置きます。そこには、優れた歯磨き粉を使用した歯磨き健康法、歯科衛生チェックの定期点検を励行させます。

さらに歯周菌が内臓疾患や認知症のもとであることが、研究で明らかになっています。今や世界の死因のトップは肺炎です。今話題の誤嚥性肺炎なども、歯周菌が原因であると言われはじめています。そのほか癌や糖尿病・肺炎・インフルエンザなどに罹患しないためにも、口内衛生管理について、未来を見据えた歯科指導が重要になります。さらに歯の健康は、食生活をも正す必要が最新研究でわかってきています。

スイスからの情報では、昔ながらのスイスの伝統食を摂っていた頃は、歯の健康についてさほど気にならなかったが、現代食をするようになったら歯が抜け、ボロボロになったといいます。オーストラリアの先住民アボリジニの人々はもともと虫歯も歯周病もなく、歯並びも実に健康的でしたが、現代食を摂るようになったら歯が悪くなり、次世代の子供たちも歯が弱くなりました。そして、歯並びの悪い人が急増しています。

オーストラリア先住民の伝統食とは、少量の野生動物の肉、たっぷりのハーブ野菜、魚介類、山野菜、薬草などです。歯並びは、その人の個性みたいなものと思われがちですが、じつは食習慣が大いに関係しています。

こうしてみると歯科衛生とは、すべての病気を未然に防ぐ防波堤の役目をしていることがわかります。これが、莫大な医療費の削減につながる最良策であるなら、歯科医師の役目は、国を救う重大な任務になり得ます。今までのような儲け主義の歯科医療であっては、もとの木阿弥です。国家や社会及び個人の充実につながる歯科医療こそが、コロナ後に求められている本物の医療となります。歯科医院の風景が一変するかもしれません。歯科衛生士の他に食事指導を担当する管理栄養士の姿がそこにあるかもしれません。

◎癌医療の限界とゲノム療法の可能性

現代医学が目詰まりを起こしているのが癌治療です。最新の癌医療の手術能力は目覚ましく発展しています。ほとんどの癌は内視鏡によって手術が可能となり、術後の回復は驚異的に早まっています。検査技術の進歩と癌の患部の手術力には、目をみはるものがあります。

けれど、ここまでの成果のみではやはり物質文明止まりです。これから5G（第5世代移動通信システム）の時代に突入していくと、癌はますます増えていき、現在の統計でも2人に一人が癌になると言われていますが、これがほぼ全員が癌に罹る時代の到来です。

年間37万人もの人々が簡単に命を落としています。30代～40代の若い人も多く、いまいましい限りです。現代医学は、先ほど述べた通り検査や手術能力は優秀といっていいのですが、術後のケアつまり、ステージ4の転移癌の消滅や増殖の防止、さらには、再発防止については研究が進んでいません。やりようがないとか、打つ手がない、などと言われています。

したがって末期癌の人は、緩和ケア送りか、ホスピス行きとなります。しかし、まだ余命が半年以上もある人の術後の再成ケアとしては、今後主流を成すものが開発されつつあります。最近、癌センターなどで始まったゲノム療法は、大いに期待できる治療法だと思いますが、まだまだしっかりした成果を挙げるまで時間がかかりそうです。しかし、いろいろな研究機関でゲノム研究が盛んになってきたことに期待しています。ゲノム療法とは、簡単にいうと遺伝子の中に癌に罹りやすいＤＮＡを探しだして、罹りにくいＤＮＡに替えます。また、癌に侵されて、ＤＮＡに傷が付いているものを修復します。これによって完全回復を狙うのです。

もう一つ画期的なケアの方法があります。それはホルミシス効果を利用した方法です。ホルミシスとは、簡単にいえばラドン温泉療法で、とりわけラジウム温泉で有名な秋田県の玉川温泉・鳥取県三朝《みささ》温泉などが知られています。ラジウムから発生するラドンガスを利用したもので、微量の天然の放射線で、抗酸化作用・免疫機能の改善や、炎症や痛みの緩和など、さまざまな治療効果が期待できるというわけで、玉川温泉の湯治場も満員御礼で、なかなか予約が取れないという盛況ぶりだそうです。

これを自宅でできるシステムがあり、現代医学から見放された人々を助けていて、先端医療の第一人者、水上治ドクターもこれを推奨しています。天然自然の放射線量が80ガウス出るマットを使用して、家庭でできる癌対応方法がありましたが、近年はホルミシスメディカルカプセルが開発されています。それは岩盤浴と蒸気サウナでラジウム鉱石と過熱水蒸気の相乗効果を狙ったもので、そこにスペースインテイジェンスを使用しています。これはゲノム改善方法を組み合わせたもので、結果的に玉川温泉の約20倍の細胞の活性化効果をもたらすようになりました。これは一例ですが、このように人体の健康に最大限に寄与できるさまざまな開発が、コロナ後の将来を創る明るい話題です。

もう少し解説を加えるなら、ラジウム鉱石から出る低線量自然放射能は、細胞に刺激を与え、細胞が本来持っている潜在能力を最大限に引き出し、生体の持つ自己回復能力を驚異的に高めます。具体的にはミトコンドリアの活性化・DNA修復機能の向上・老化抑制効果・ホルモンバランスの向上・癌抑制遺伝子の活性化・免疫機能の向上・抗酸化力の活性化・自律神経のバランスを整えます。この鉱石の岩盤浴に過熱水蒸気を加えて、玉川温泉岩盤浴と同じ環境を造っています。

また、自然放射線の10~100倍を浴びると、人体に良い影響を与えることが近年の研究でわかっています。例えば、岩盤浴や温泉などで使用されている天然ラジウム鉱石は、水に入れるとラドンという放射線を発します。広島・長崎の被爆者たちがラドン温泉で湯治をして、微量放射線治療をしていたことは有名です。放射能で被爆しているのに放射能で治すのです。なんとも不思議ですが、仕組みはこうです。微量放射線に入ることによって、ＤＮＡを修復し、かつ、細胞が刺激されて新陳代謝が向上。この結果、免疫力や自然治癒力がアップすることが、実験や臨床試験で証明されています。

さらに、遺伝子は放射線ですべてが決定されており、生命情報である自然放射線によって元に戻すこともできるのです。つまり、自然放射線を使えば、染色体を元に戻すことが可能であり、脳梗塞や植物状態の方にも、回復する可能性もあるということになります。自然の放射線は、無限に近い情報を変調という形で載せることができ、それによって複雑な生命を支えています。放射線こそ生命そのものであり、放射線なくして生命は存在しないことがわかっています。未来型の生命維持システムとして優れたものですから、これぞコロナ後の医療に必要なものとなってほしいと思います。

◎学校教育のあり方が変わる

6・3・3制の学校の仕組みは、戦後変化を遂げないできています。15年程前の話ですが、ある真面目な男性の小学校の先生がいました。学校でも中核的な存在で、教師の鏡的存在でしたが、時代の流れについていけず、うつ病を発して離職してしまいました。

それまでの小学生の授業風景を見てみると、うるさくして先生の話を聞かない子供も、注意すれば言うことを聞いてくれたので授業が成立していましたが、ある年から同じことが起きても、子供たちは一向に言うことを聞かないどころか、急に校庭に飛び出して行く子もいれば、教室中走り回る子供もいて、学級崩壊が起きました。ついに、その先生は真面目ゆえにうつ病を患い、精神科のお世話になったのです。

現在、休職や家庭待機を余儀なくされている教職員は、年間5000人を超えています。2000年以降に生まれた子供たちは、とくに生まれたときのエネルギーが高く、私たちが3~4歳のときと比較しても、「もうこんなことまで喋るの。なぜこんなに知っているの、なぜ年の割に大人びているの、いや参ったなあ」という印象を持っていますが、これはエネルギーの違いと聞いて納得したものです。そのような子供を預かる先生たちも、今までのテクニックではおぼつかないと感じ始めています。

最近は、不登校の子供が小中学校生徒で16～17万人もいます。何が起きているのか、つまり、子供たちの能力が完全に多様化しているのです。別の意味では能力が高く、授業についていけないのではなく、授業がつまらない、学校がつまらないのです。今や学校は、能力を判定するための学習の場でしかありません。

私が自衛隊で新隊員教育隊長をしていたときのこと、新入隊員150名を6カ月間、新隊員教育を担当する部署の長として、教育を担当していました。そこは高卒の若者たちを預かり、自衛官としての基礎教育を行う学校です。その頃すでにいわれていたことは、「新人類が来るぞ！」ということでした。家ではエアコンと個室・ソファーで育ち、ゲーム機やパソコンの使い手で、ドラゴンクエストの時代の子供たちです。またディスコダンスの名人であったりと、私たち古い人間にはついていけないものを感じた私は、担当する機関要員全員に、新人類対応マニュアルを作成して教育準備をしました。

まず始めに、ドラゴンクエスト（テレビゲーム）を1～6までを完全制覇せよ（2017年には11まである）。そして東京のディスコに行ってディスコダンスに興じて来い。さらに、カラオケで新曲を覚えて来いと矢継ぎ早に、私たちの新人類に対する能力の向上に着手して教育に臨んだのです。居室にはもちろんソファーを揃えておきました。

このようにして、新人類の得意技をマスターした教育者としての素養の高さを示すことができたことで彼らの心の中まで入り、共に生活できた成果はすぐに表れました。6カ月の教育期間中、150人の隊員から一人の落悟者をも出すことなく卒業させることができました。当時、団長や連隊長はじめ多くの関係者から、驚きの声が上がったのはいうまでもありません。

今の子供たちは、新人類をはるかに通り越して宇宙人に近いのではないでしょうか。もちろん、発達特性を持つ子供も徐々に数が増えていますが、彼らを含めて特殊能力の持主や、小さいながらにして徳の高い子供、精神性の高い子供、先生をしのぐ能力の高い子供、まだまだ多種能力の子供たちで溢れています。

それに対し、学校サイドの受け入れは、変わることのない旧態依然としたやり方のみで、とうの昔に子供たちに相手にされなくなっているのが現状ではないでしょうか。抜本的な教育改革が急務です。とくに優れている子供には、小学2~3年生でも中学高校への飛び級制度があり、一部学習障害のある子供も特殊能力に優れているものは、飛び抜けているものを専門的に伸ばしてあげる。発達特性の子供たちには、超能力に優れているものを見つけ出す教育、そして、ゆっくりと教えた方がいい子には、1年を2～3年かけてやる授業など、学校側の教育システムの多様化が、コロナ禍後の教育システム変更の要素です。

オンライン授業もよっぽど気をつけないと子供の表情がなくなり、成果が上がらないということになりかねません。つまらないのでと大学を辞めることになります。オンラインシステムを使った教育は、さらに対人関係をつくれない子供たちをつくってしまいやすく、人間らしさの消えた子供たちをつくり出しかねません。やるからには、欠陥を補う対策をしっかり講じないと、成果の挙がる授業システムにはなり得ません。

さらに、民間フリースクールを活用する方法も組み入れるべきです。子供の脳に大きく影響しているのが、自然との遊びであると近年研究発表されています。大人になって発想が乏しい、アイデアが出ない、持続力に欠ける、集中力が足りないなどは、自然欠乏症候群が原因であると、子供たちを森林や山で遊ばせる企画を行っている団体もあります。そこでは学校や家庭で足りない教育を補完してくれています。

私のところでも、小学2年生から6年生までの子供たちに、フリースクールの成果実験を行っています。私は自衛隊時代、約27年間ほとんど教育関係機関に所属していたので、自衛隊という学校を充分承知しています。新卒の新隊員から幹部自衛官まで教官家業が長かったので、これらの経験から子供たちに必要な資質を決め、その育成に当たる能力は、十分持ち合わせていると自負しています。

ここでは子供たちに身につけさせる5つの基本資質があります。

① 自主自律心の涵養《かんよう》
② 自己抑制力
③ 思いやりの精神
④ 人間力の開発
⑤ リーダー力

さらに全期を通して身につけさせることがあります。それは持続力と忍耐力です。さらに厳しく教えていることは、嘘をつかない、約束は守る、人に迷惑をかけない、真剣に生きるなどですが、フリースクールの本来の狙いは、自然の状態で右脳を活性化させることにあります。

さらに重要事項は、問題意識、危機意識、発想力、想像力、開発力、企画力、着想力、継続力、探求力、イメージ力、完成力、判断力、実行力、協調力、人間力、決断力、観察力、洞察力、粘着力、理解力、説明力、マンネリ打破力、予測能力、兆候発見能力、地球意識、宇宙観を身につけさせることにあります。

教育でもっとも大切なことは情熱です。さらに被教育者に注目と関心と興味をいかに持たせるかです。そのためには、教育内容を創意工夫することです。コロナ後は、大学や高校は統廃合が進み、不必要な学校は淘汰されていきます。小中学校もまったく新しい組み換えが必要となります。ともに、教師養成の大学では、多様化している子供たちに対する幅広い教育のあり方を、徹底して教え込むことが大切になります。

教育改革で、４月入学を９月入学にとの議論がなされているようですが、これだけでは改革全体の１％以下に過ぎません。文部科学省も本腰を入れて取り組むべきです。でないと世界に取り残されてしまいます。

◎新しい事業の創設が必要となる

コロナで危機的状況に陥っている企業がいくつもあります。自動車関連、電気通信関連、IT関連などの会社、銀行、観光、レジャー、外食産業、デパート、商社、高級ブランド取り扱い事業者、交通業種、航空会社、エステ業界、さらにはさまざまな個人経営店など多くの業種でかつてない痛手を被っています。

ある業種は、廃業倒産の憂き目に遭い、またある業種は、縮小・統合・合併などで、一時しのぎで踏ん張っていますが、踏ん張り切れるのかどうか。また、新規事業の開拓により活路を見出す努力をしているところもあります。外食チェーンを運営する会社なども、社員にアイデアを募集して業績回復を狙うか、あるいは、新規事業に参入して立て直すか、など社員一丸となって固くなった頭をしぼって再成企画案を考え出そうとしていますが、なかなか良いアイデアも出ず、生き残りが難しいとの結論にならざるを得ないのが実状のようです。

政府のスタンスは、まず自助努力をと言っていますが、どのくらいの企業が自助努力で会社経営を立て直せるのか不透明です。それはこれまでの消費経済自体が大きく変わろうとしているからにほかなりません。

コロナ後に繁栄する企業について考えてみると、以下のような事業が考えられます。

①地球環境改善事業
②食糧不足解決事業
③新エネルギー開発事業
④海洋清掃事業
⑤気候変動による影響を軽減するための事業
⑥クリーンな方法によるゴミ処理事業
⑦高齢者に対する豊かな人生を提案する事業（とくに孤独・孤立の不安を解消する事業）
⑧人々の要望に１００％応える事の出来る事業
⑨貧困家庭救済事業
⑩水源開発事業
⑪超近代化農業事業

⑫ 新流通事業

⑬ パンデミック対策事業

こうした社会貢献度の高い事業が発展する可能性が高いです。ずばり、今までのような自社の利益のみを追求するやり方を排して、多くの人々を豊かにし、社会及び人々のためになれる事業を企画・開発できる企業こそが有望です。旧来の80%の立替えに代わる事業として開発研究を進めれば、神意に叶った事業となり、危機を免れ、成長産業として発展していくことになります。

例えば、①の地球環境改善事業は、砂漠の緑地化。これまでは、何十年と世界の総力を挙げて研究して来ていますが、未だにこれといった成果は挙がっていません。部分的には可能ですが、本格的な拡大は無理でしたが、宇宙知能を使った新々の技術開発により可能となります。砂漠の面積は、地球上の陸地の3分の1近くにのぼりますが、これを緑地化して農業事業を行えば、まだまだ地球の人口を養うことが可能となりますし、森林化することによって、地球上の酸素量の減少を防ぐ効果も期待できます。

⑩の水源開発事業は、地球上において衛生的なまともな飲料水にありつけている人口は、

3分の1以下と言われています。今後も、気象変動によりますます飲料水の確保が難しい時代がやってきます。こんな時代の救世主はなんといっても空気中から水を生産するシステムを作ることです。すでに一部で開発が進んでいますが、空気の乾燥期は生産量が少ないなどの難点はクリアできていないため、一般に普及するまでに至っていません。けれど、この技術をSI化することにより難点を解決し、世界一安全でおいしい水を確保する夢のプロジェクトが出来上がります。各家庭に1台、各事務所・事業所に1台あれば、避難生活においても水に不自由することが避けられます。

◎新しいゴミ処理の開発

次に、⑥のクリーンな方法でのゴミ処理について、すでにゴミ分別不要のリサイクル装置として開発が進み、有機物減容装置として間もなく販売予定です。外食産業においても年々処理コストの上昇にて、経営が圧迫されています。さらにレストランの厨房では、生ゴミと紙類、箸、プラスチック類の分別の煩わしさ、また生ゴミの中でも貝殻や大きな骨などを取り除くなど、分別処理に手間暇が掛かり過ぎる現状の打破には、簡単にお応えできる代物です。

このシステムは、マイナスイオンと磁力を利用した極めて単純な構造で、釜の中はがらんどうの空洞です。まさに宇宙の仕組を取り込んだ不思議な装置。この電子リサイクルシステムの特徴を挙げると、

①廃棄物（有機物全般）を低コストでリサイクル
②燃料は不要
③あらゆる有機物を分析するため、さまざまな種類の廃棄物をまとめて処理できる。（金属などの無機物は、殺菌されてそのまま残る）
④減容率100〜500分の1
⑤装置自体は低温のため室内装置が可能
⑥ダイオキシン・塩化水素などの排出がほとんどない。
⑦1台につき、1日200〜300kgの処理が可能
⑧24時間の連続運転が可能で、メンテナンスは容易

最終的には、すべて殺菌処理された細かいセラミックとして出てくるので、他産業に転用できます。例えば、アスファルトの材料として、さらには農地に撒けばエネルギーの高い土地になるなど、循環型で地球環境に良好な影響を与える優れものです。将来家庭用も作られるので、ゴミは家庭ごと、事業所ごと処理できるため、ゴミ回収の手間が極力少なくなります。ビニール・ペットボトル・発砲スチロール等も簡単に処理できるので、今世界が困っているこれらの処理にも大いに貢献できます。

とくに、マイクロプラスチックの削減には大いに期待がもてます。また、家畜の糞尿や下水汚泥・廃タイヤ、さらに感染性医療廃棄物を処理できます。このような企業は、環境問題の中核企業として急成長するであろうことは、誰の目にも疑いありません。これもSI化事業として発展していくことになります。

◎未来型新エネルギー開発

現在主流になっている発電システムは、ソーラーパネルによる発電方法ですが、これらは火力発電所の発電能力の6％程度と言われているので、いかに非効率かがわかります。

しかし背に腹は代えられないと、自然災害等による一時停電のときなどに有効です。昨年の千葉県茂原地区で発生した台風による地域停電は、1カ月以上にわたっていましたが、ソーラーシステム発電装置を備え付けていた家庭や事務所は、その価値がわかったと思います。

私も次のウイルスの襲来前には取り付けようと考えています。万が一、インフラがストップした場合の対応処置です。その他、ソーラーと蓄電器と組み合わせるものや、プロパンガスで発電する装置や、小型ガスボンベで行うものなどいろいろとあるようなので研究しています。それもいざというときのための準備です。

現在、大型のクリーンエネルギーによる発電は、風力発電、波力発電、地熱発電などがありますが、いずれも地域限定でしかありません。規模も中小規模程度に留まっています。今、急ピッチで研究開発が進んでいるのが、永久電動モーターによる発電です。

小型モーターによる発電機は、将来は電化製品の個々に内蔵して、電源のいらない電化製品として普及させたいと開発者は意気込んでいます。現在の完成度85%で、これが完成するとエアコン・冷蔵庫・自動販売機など、あらゆる用途に活用されます。これもSI化すると出力が2倍になります。なにしろ小型で、コンパクトで利用価値が高いのです。

20年後の日本の地方は、町や村、さらには市まで半分が、消滅の危機にあるとの試算があり、過疎化がどんどん進み、町や村などには少数の人々しか暮らしていない状況下において、送電線を使って電気を運ぶメリットはあるのでしょうか。それこそ高コストにより電気代は破格の値段となります。離島なども同じことが言えます。そうした意味でも永久電動モーターによる発電装置は救いの神です。コロナ後の発電についても多様化が求められ、自由発電が主流になるでしょう。永久電動モーターも数社が研究開発に挑んでいると聞いていますが、いろいろな方式があって結構です。

私も20年前から特殊な発電方法を考案しています。それは、なぜ太陽は光を発していないのに、地球は太陽の光を受けて明るいのか、という疑問から始まりました。もし太陽が光と熱を同時に発しているのであれば、太陽に近い水星や金星は灼熱の星であるはずで、地球も上空にて、太陽に近づけば温度が高いはずですがそうではありません。となると、もしかしたらこの法則を利用すれば、光や熱を発する発電装置を作れるのではないかと考えました。

その理論はこうです。太陽も地球も、お互いにエネルギー情報の周波数を発している。この周波数同士をある一定の距離でぶつけ合うと光が発生し、地球に届くという原理を発見したのです。太陽と地球間の距離約1億5千万キロメートルで、地球からXキロメーターの地点で、太陽と地球の体層エネルギーの周波数をぶつけると、光が発生して地球に届くというもの。この距離の比は、Yです。太陽エネルギー体層の周波数は3598キロヘルツ、地球のエネルギー体層の周波数は1193キロヘルツです。この距離比と発信周波数を縮尺してコンパクトにして、電気発生装置を作ると、超未来型の電源を確保できるのです。もちろん電気を発生させるには、触媒が必要となりますが、これらも研究する必要があります。

もしかしたら、蛍光燈に使っている水銀系でもよいかもしれません。今後、まだまだ発電の自由化が進むと、日本人の知恵から続々と電源開発のノウハウが生まれることでしょう。私案の一例を示しましたが、多くの方々が宇宙的発想で、是非チャレンジしていただきたいです。このクリーンな電源を開発すると、地球は格段に、元の生々とした姿を取り戻せます。温暖化に歯止めをかけるには、CO_2を排出しないこと。我こそはという意気込みで研究開発に携わってほしいです。これが、コロナ後もっとも望まれる企画の1つです。

◎寺や神社の将来を憂う

日本には、寺院、神社はそれぞれ約7万〜8万あると言われていますが、人口減少で過疎化が進み、廃村が多くなるや、廃寺も廃神社も増えてきます。さらに、神仏の信仰心よりも、スマホ信仰に走る若者たち、そして、コロナの影響で人出はさっぱりでガラガラな状態です。

今、経営難で廃業寸前のお寺・神社が苦しんでいます。寺は、葬式仏教に現《うつつ》を抜かしてきた罰なのか、神社は、何もしなくても参拝者が押しかけて来た時代を懐かしむのか。つまり、僧侶たち神職たちは、人を呼ぶための施策を今まで一度も企画したことがないし、ただ惰性でマンネリに陥り、発想することをすっかり忘れてしまったと悪口を言いたいほど何の手立ても考えてきませんでした。

今さら何か考えて参拝者を増やそうと思っても、思うように良案も浮かばない。しかし、例えばお寺の場合、お寺が必要とされる企画の一例を紹介すると、高齢者のお相手、居場所的存在場所としてクローズアップされると、お年寄りは病院にわざわざ出掛けないでお寺で良い時間を過ごすようになります。お寺では、写経あり、座禅あり、太極拳あり、読書あり、囲碁・将棋が準備してあり、多くの人とのコミュニケーションの場として、趣味が10種以上準備されています。快適な居場所のあるお寺なども、人集めの方法の一つかもしれません。

神社もこれからは黙っていたら誰も参拝に来ません。近所の人が散歩がてら手を合わせに来るだけで終わってしまいます。これからは、神社も商業的手法を採用しなければ、経営は難しくなります。これにより発生する税金はしっかりと納めればいいのです。宗教法人だからと甘えていたのでは知恵も出ません。新しい時代がやって来るのです。逆転の発想をもって経営に当たらないと潰されてしまいます。日本の歴史と伝統を築き上げてきたお寺や神社を潰してはなりません。もうひとつ欲を言えば神職と住職をもっと徳を磨かないとコロナ後は務めることは難しくなります。しかし菅首相が要望されているように、まず自助努力、そして社会の協力を得て、最後に国に頼るという当たり前の手順をしっかり踏んでいかないと、職場を失うだけでなく人々の心の拠り所としての信頼をなくしてしまいます。

お寺は、お葬式に関わることだけで運営しようとしたら、それこそ檀家が４００軒以上ないと難しいです。私が贔屓にしている静岡の清福寺は、檀家が１００軒に満たない規模で小さなお寺に見えますが、経営がしっかりしています。それは、５年前から寺のお宝を前面に出して、パワースポットとして情報を発進しているからです。コロナの時期だからこそ利益をいただきに多くの皆さんが来寺されます。さらに、住職やおかみさんのお人柄の良さに、また行きたくなるお寺さんなのです。「桃李もの言わざれど、下おのずから蹊《みち》を成す」です。つまり徳のある人のところには自然に人が寄り集まるということです。

本来、経営を充実させようと思ったら寺飯や、寺カフェ、親子食堂など、人々の心の安寧を目的として、魅力ある企画も考えていくべきでしょう。

◎やりがいのある、食べていける農業構造の見直し

農業人口の激減と高齢化による第一次産業の衰退は死活問題に直結します。農業就労人口はこの20年で半減しているからです。現在１６０万人程度で、そのうち65歳以上の高齢者が１２０万人で、間もなく農業従事者が40〜50万人を切る時代がやってきます。ちなみに戦後間もない頃は１６００万人でした。当時の日本は、食料不足に見舞われましたが、

1600万人の農業従事者のお陰で厳しい時代を切り抜けてきました。

しかし、当時との違いは農業人口だけに止まりません。天候気象の激変と、水害による被害の急増による著しい収穫減、そして鳥獣被害の拡大です。農業人口を増やすには小農家制度を創設し、また家庭農業の普及に努めることが寛容です。世界の農業に対する考え方は、小さな単位で多くの人が参加する農業構造をもって普及拡大に努めています。

コロナ後の食料調達のあり方は、基本的には食料自給の体制の確立が急務であり、自助努力に負うところとなります。どうしても限界を超えて、食料調達が不足する場合は、地域社会の力で補います。さらにそれが不十分である場合は、国が動くという政府の方針が、食料問題にも適用された場合の国家雛形となり得ます。いやはや、大変な時代がやってきそうです。急激な食料難に備えるためには、即行動することが重要になります。

私たちのアートテングループは、「この指止まれ」運動の中で希望者を募り、一緒にやりませんかと、声がけを始めています。多くの仲間たちで事前に畑を持ち、さらに山野草食に特化する知恵を出し合って、まず不足を不自由とせず、力強く生き抜く作戦を組み立てて食材獲得モデルを示せば、多くの人々を導けることとなります。重要なことは、皆で一斉に自給のための農業を始めることです。一人の泥棒も出さずに協力し合うことも重要な要素です。

農業においては、アイデアと知恵を出せと言っても出尽くしていると思うので、ただただ楽しむことに尽きます。コロナ後の農業のあり方においては、大農場は国や地方自治体が運営し、中規模農業は会社の農業部門担当に任せ、小規模農業はサラリーマンの、その他は家庭菜園としてこれを補うなど、総合運用が重要なポイントです。

食糧難時代の作物は芋類が栄養価の面や作りやすさ、収穫量の観点からしても有益です。困ったときの農業は、「まず芋から始めよ」です。サツマイモが多量に収穫された場合は、ペースト状にして缶詰にしておくと保存が効きます。私の畑にもサツマイモを350株植えてあるので、試験的にペースト状にして缶詰にする予定です。

農業構造が大きく変わってくるので、現在の農協システムは機能しなくなるでしょう。さらに流通システムも大きく様変わりをします。野菜などの出荷値段は、今までは市場で決めていましたが、コロナ後は、生産農家が自分で出荷値段を決めるのが主流となります。やり甲斐のある、食べていける農業を目指さなければ、農業就労者は増えません。外国人労働者に助けを借りるのも一案ではありますが、自分たちの生命存続に関わる大切な農業はできるだけ日本人自らが汗を流すことがもっとも肝心です。

コロナ後の農業は、これまで、きつい・汚い・危険の3Kといって毛嫌いされていましたが、これは日本人の飽食時代の甘えでしかありません。危機的状況の中ではこんなことを言っていられません。これに稼《かせ》げないが加わると4Kとなる小規模農業や家庭菜園では、自分の食い扶持《ぶち》のみを考えればいいので真剣にやるしかないでしょう。

50坪や60坪程度の農作地であれば、1日1~2時間の労働ですみますし、最近は、女子農業が有名になっていますが、皆おしゃれをして楽しんでいる様子なので、汚いは当たらないし、農薬を使わない自然農法、または有機農法をやる人も増えていますので危険もありません。さらに気晴らしにもなるし、適度な運動が兼ねられるし、自然と接することでストレスの解消にもなり、充実した生活が蘇ります。このような活動が大規模に普及すれば、日本の食を救うこととなります。

畜産のあり方も大きく変わってきます。まず第一にやることは、家畜伝染病から大切な牛豚鶏を守り、死亡率をぐっと下げて数%にすること（世界の平均36%）。日本でも衛生管理の優れている平田牧場ですら、豚の死亡率が20%を超えています。今の技術では、コロナもそうですが、ブタコレラなるウイルスを制圧することは不可能です。

そして、肉質を最高級品に格上げする飼育方法を採用することにより、世界に先駆けて一挙両得が得られます。これには、ＳＩ化された飼育方法を行えばいいのです。ＳＩ化された豚肉の品質のすごさに、服部学園の服部理事長が絶賛されたというお話を聞いています。

けもの臭さはないし、脂身もベトつかず、あと味もよく、うまいの一言に尽きます。脂身の旨さは天下一品です。なぜなら飽和脂肪酸と不飽和脂肪酸のバランスが極めて良好だからです。豚肉は飽和脂肪酸が多いのですが、アートテン豚は不飽和脂肪酸の方が多く含まれています、服部理事長が絶賛されたのは天草の放牧豚です。この料理は奥多摩の森の中のお肉レストラン「アースガーデン」で食べられます。テレビでもちょくちょく取り上げられているお馴染みのレストランです。

私はこれからもおいしいものを追求し続けていきたいと思います。

あとがき

今から20年以上前、真氣光の大家・中川雅仁の氣光師養成講座で起きている摩訶不思議な現象を私はＤＶＤで観ていました。それは中川先生の氣の光によって、人々が激しく暴れながら奇声を発するすごい映像でした。真氣光の関係者からかつての映像を10本観せていただいたのです。そこには人々に憑いた霊障と闘う中川先生が格好良く映っていました。私はオランダの超能力者ヨマンダのところに出かけるため、事前に目に見えない世界を勉強したかったのです。そしてオランダのヨマンダホールで起きていることが、中川先生のビデオで観せられた内容とほぼ似ていたことに驚きました。まさに、私たちが知らない世界の風景でした。

私はこのことをキッカケにして、見えない世界へとのめり込んでいきました。また、ヨーロッパで約10年、こうした見えない世界のことを学び鍛え上げられました。見えないものが動かす世界への入口に案内されたのです。一般的には、目に見えないものは科学的でないという理由で否定されてしまいますが、私はそこにこそ真実があり、真理があるのではという思いで研究に熱が入っていきました。

そうして人間が天敵とする目に見えないウイルス細菌について非常な興味を持ちました。なぜ彼らが人間を襲うのか。どうしたらこれを防ぐことができるのか。20年かけて黙々と研究してきました。そして、ついにたどり着いたのが、宇宙の情報であるスペースインテリジェンスでした。人間の1兆倍の能力を持ち、宇宙を支配している天主との繋がりは、私を15次元の資質へと導いてくれました。それは真名井神社の遷宮立替に力を注いだからなのか、重大な使命を授かったからなのかはわかりません。

平成が終わり、令和になった途端、世界を恐怖に突き落としたコロナパンデミック、ついに地球の命を守るため見えない世界の神が動き出しました。それも人間の目では捉えにくいウイルスを使って。つまり押し寄せるウイルスの津波です。これには人間を海底に沈めようとする勢いのようなものすら感じます。

今から1万数千年前、三大陸が全部陥没しました。レムリア大陸がインド洋に陥没し、続いてムー大陸が太平洋に、さらにアトランティス大陸が大西洋にと、次々に海底へと沈んでいきました。なぜか地球上の人心が乱れたときと、天体の運行の激変が不思議と一致していました。この時から6000年以上経って、ノアの大異変が起きています。

今、このとき、令和の地球の大異変が始まったのでしょうか。これ以上地球を破壊してはいけない、人の心が乱れてはいけないなど、山のような「いけない」に囲まれている現代。地球を愛すが由に神がお怒りなのでしょうか。

20年前、私は「地球感謝の日」を国に働きかけて制定してもらおうという運動に参加していました。その後、それは立ち消えてしまいましたが、今こそ地球への深い感謝の気持ちを表す日をそれぞれ設定して、地球に生かされているという自覚を持ち続けて感謝とお詫びの気持ちを日々抱き、それを多くの人たちと分かち合いたいと思います。

そこで、11月11日を「地球感謝の日」と定め、1人ひとりが、心から地球を我が故郷として大切にし、地球への感謝の想いを送る日としたい。なぜなら今は成す術なく、限界点に限りなく近づいているからです。コロナ禍の現在の状況下は誰にとっても非常に厳しいです。多くの人はコロナウイルスへの怖れでいっぱいになっています。さらなる波が次々とやってはきますが、その後は、新しい世界がやってくるでしょう。でも、そのためにたくさんの人々がこの世を去らなければならない宿命になっています。

このような混沌とした状況の中、どう生きるべきかと考えていたとき、そうだ、「雨にも負けず」だと思いました。ここに新しい世界の人間像の見本がある気がしました。宮沢賢治は、この荒波を乗り越えるための人間としての心得を示していたのではないでしょうか。

「欲はなく、決して怒らず、贅沢を慎み、人々のために役に立ち、世話をして、平凡に暮らす」

これぞ、新世界で暮す人々の人間像かもしれません。

構成／リエゾン、
装丁／赤谷直宣
組版／㈱キャップス
校正／麦秋アートセンター
写真／ゲッティイメージズ

高橋呑脩
1947年岩手県釜石市生まれ。株式会社アートテン6688インターナショナル代表取締役社長。有限会社現代健康研究所代表。28年間の自衛隊勤務の後、退職。アートテン・テクノロジーを開発し、その成果を農業や医療、産業に活用。2012年から東南アジア最大企業との事業に着手。国内でも農漁業関連事業や発酵、LED、IT などの多くの分野で事業提携している。株式会社 J-ATI 代表取締役社長。財団法人子どもの未来支援機構共同代表。『宇宙のしくみを使えば、すべてがうまくいくようになっている』(徳間書店)などの著書がある。

見えないものが動かす世界
宇宙・神・ウイルスと共振共鳴する超意識に目覚めよ！

第1刷　2020年11月30日

著　者　高橋呑脩
発行者　小宮英行
発行所　株式会社徳間書店
〒141-8202　東京都品川区上大崎3-1-1
目黒セントラルスクエア
電話　編集(03)5403-4344／販売(049)293-5521
振替　00140-0-44392
印刷・製本　大日本印刷株式会社

ISBN978-4-19-865176-3